Monika M. Leithner

MOSAIK

Monika M. Leithner

MOSAIK

sehen und gestalten

Geschichte – Materialien – Projekte

Verlag Paul Haupt
Bern · Stuttgart · Wien

Gewidmet ist das Buch meiner Mutter und meiner kleinen Familie. Meine Mutter hütete mit viel Einsatz meinen kleinen Sohn Stefan, der zur Zeit der Projektplanung auf die Welt gekommen ist.

Die Autorin

Nach einer Mosaik-Ausbildung in Ravenna diplomierte sich Monika M. Leithner an der Kunstakademie in Bologna im Bereich Skulptur. Mehrjährige Berufserfahrungen im Gestalten von Mosaiken und als Kursleiterin haben ihr das Know-How für dieses Buch gegeben. Sie unterrichtet Mosaik an verschiedenen Instituten sowie privat und ist auch als freischaffende Künstlerin mit Werken in öffentlichem und privatem Besitz tätig.

(e-mail: monika.leithner@bluewin.ch)

Lektorat: Regine Balmer
Fotografien, wo im Bildnachweis nicht anders vermerkt:
Frank O. Brüderli, CH-Zürich
Zeichnungen: Giovanni Bolognesi
Gestaltung, Satz: KGT Quaiser, CH-Stallikon-Sellenbüren

Umschlag Titelseite: Ausschnitt aus Mosaikbrunnen, Zürich
Seite 1: «La Poule Faisane», Catherine Mandron

Die Deutsche Bibliothek – CIP-Einheitsaufnahme

Leithner, Monika M.:
Mosaik sehen und gestalten : Geschichte – Materialien – Projekte / Monika M. Leithner. – Bern ; Stuttgart ; Wien : Haupt, 1999
ISBN 3-258-05864-4

Printed in Italy

INHALT

VORWORT UND DANK

Mosaik sah ich zum erstem Mal bewusst in Barcelona, im Güell-Park von Antonio Gaudì. Später bewunderte ich die frühchristlichen und byzantinischen Mosaiken in Ravenna, wobei mich das Raummosaik im Grabmal von Galla Placidia am meisten faszinierte. Die Farbenpracht ließ mich nicht mehr los und ich beschloss, das Handwerk von Grund auf zu erlernen. Meine Familie und Freunde mussten nun jahrelang das Thema Mosaik ertragen, unsere Reisen führten uns immer auf die Spuren der antiken und modernen Mosaikkunst. So waren wir in Deutschland, Frankreich, Griechenland, Indien, Italien, Österreich, der Schweiz, Spanien und Tunesien ständig auf der Entdeckung von neuen Mosaiken. Freunde und Kursteilnehmer brachten mir Material über Mosaiken in fernen Ländern, wo ich selber noch nicht hingekommen bin. Durch das Unterrichten von Mosaik habe ich mit den verschiedenen Teilnehmern immer wieder neu experimentiert, was mir sehr viel Spass gemacht hat. So wurde das Lehren für mich ein gegenseitiges Geben und Nehmen.

Von Herzen danke ich Giovanni Bolognesi für die Step-by-Step-Zeichnungen. Kursteilnehmerinnen, deren Werke in meinem Kurs entstanden sind, danke ich für die Abbildungen. Den verschiedenen Mosaikkünstlerinnen danke ich für die Fotografien ihrer Werke und die Informationen zu deren Entstehung.

Meinem Vater gehört ein besonderer Dank für seine vielen guten Ratschläge, seine Korrekturen und vor allem seine moralische Unterstützung. Herrn Wolfgang Quaiser von KGT, der das Layout übernahm, danke ich für seine große Hilfe und Beratung bereits in der Vorbereitungsphase des Projekts. Ebenfalls danken möchte ich dem Fotografen Frank O. Brüderli, der mit viel Fantasie und Geduld meine Mosaiken fotografierte.

Last but not least danke ich der erfahrenen Lektorin Regine Balmer, welche die Idee des Mosaikbuches von Anfang an mit viel Engagement und Kompetenz unterstützte.

Es machte Spaß, im Team zusammenzuarbeiten, und ich hoffe, dass wir ein weiteres Projekt miteinander gestalten können.

GESCHICHTE

Ursprünge und Entwicklung des Mosaiks

**Vorhergehende Doppelseite
Ravenna, Basilica di S. Vitale, 6. Jh.
Kaiserin Theodora mit ihrem Hofstaat.**

Die Mosaikkunst ist eine der ältesten und zugleich eine der modernsten Kunstformen. Dank seiner Zeitlosigkeit entspricht das Mosaik auch dem heutigen Geschmack und viele zeitgenössischen Künstler lassen sich inspirieren und entwickeln neue Möglichkeiten. In diesem Buch geht es darum, Ihnen die antike Kunst des Mosaiks näherzubringen. Wir erforschen die einzelnen Mosaiken der verschiedenen Perioden, analysieren deren Techniken und gehen anschließend auf die heutige Entwicklung des Mosaiks ein.

Dieses Buch vermittelt zum einen das grundlegende technische Wissen für das Herstellen von Mosaiken und enthält viele Anleitungen und konkrete Hinweise für das künstlerische Gestalten von Mosaiken. Zudem will es das weite Spektrum der Mosaikkunst zeigen und verschiedene Künstler vorstellen, die das Mosaik als ihr Ausdrucksmittel gewählt haben.

Zu der Technik gibt es Hinweise, die von der Antike bis zur industriellen Produktion führen. Allerdings haben viele Mosaikkünstler eine eigene Technik entwickelt und zudem erscheinen heute ständig neue Produkte auf dem Markt, die neue einfachere Möglichkeiten anbieten. Dies bedeutet, dass ich Ihnen hier einige Techniken vorstellen werde, die aber durchaus erweitert werden können. Sobald Sie selber anfangen zu arbeiten, werden Sie immer wieder neue Möglichkeiten entdecken!

Der Begriff «Mosaik»

Die Römer hatten selbst in der Blütezeit ihres Mosaiks noch keinen allgemeinen Namen für diese Art von Böden. Nur die einzelnen Teilchen wurden bereits «tessera» (Mosaiksteinchen) genannt. Dies führte zu Beschreibungen der Böden wie «Pavimentum tesseris structum» (aus Würfelchen gefügte Pflasterböden).

Frühe literarische Hinweise für die Verwendung solcher Böden findet man schon beim römischen Schriftsteller Plinius dem Älteren, 23-79 n. Chr. (Hist.nat. XXXVI 189), welcher das griechische Fremdwort «lithostroton» (eigentlich: Steinstreu) für die Bezeichnung von Fußböden, die aus verschiedenen Marmorsteinen bestanden, anwandte.

Der Begriff Mosaik entwickelt sich erst später. Etwa um 300 n. Chr. stößt man in den Biografien der Scriptores Historiae Augustae auf den Satz: «Pictura est de museo» (Trebellius Pollio über die Triginta Tyranni XXV 4) und hundert Jahre später erwähnt Augustinus (De Civitate Dei XV 8) Figuren, die «musivo picta sunt».

Ursprünge

Aus der sumerischen Kultur ist uns das älteste bekannte Mosaik, die Säulenwand aus Uruk (Warka), um 3000 v.Chr., erhalten geblieben (Abb.1). Teile dieser Wand können heute im Pergamon-Museum in Berlin besichtigt werden. In diesem Mosaik wur-

1

2

den die 4–15 cm langen Tonbolzen in verschiedenen geometrischen Muster eingesetzt. Die Tonkegel hatten an der Spitze eine Keramikglasur in schwarz, weiß oder rot. Bei einigen Tonstiften ist die Spitze des Kegels gegen innen spiralförmig ausgehöhlt, so dass in der Mitte ein Schatteneffekt entsteht.

Die in die Lehmmauer eingedrückten Tonstifte dienten zur Verzierung und gleichzeitig zur Verstärkung derselben. Zum Teil wurde zum farblichen Muster eine zusätzliche Bewegung erzeugt, indem einzelne Kegel weniger tief eingesetzt wurden als andere, um so eine Reliefwirkung hervorzubringen. In der sumerischen Säule aus El-'Ubaid, 2400 v. Chr., heute im Britischen Museum in London, sehen wir eines der ersten Plättchenmosaiken, das in der Architektur seine Verwendung gefunden hat (Abb. 2). In dieser Legetechnik wurden quadratische und keilförmige Steinchen aus schwarzem Kalkstein, Perlmutter und rötlichem Sandstein in schwarz-weiß-roten Mustern mit Kupferdraht an einer Unterschicht aus Erdpech befestigt, die ein wenig durch die Fugen quillt und diese dann als Trennlinien hervorhebt.

Aus dem phrygischen Gordion, Vorderasien, kennen wir einen Fußboden mit dreifarbigen Mustern aus Kieselsteinen aus der Zeit um 800-700 v. Chr. Grobes Kieselpflaster ohne Muster gab es auch schon in Kreta im Neolithikum und später in der minoischen Zeit.

Griechen

Die griechischen Kieselsteinmosaiken wurden mit Kieselsteinen, die von Wasser und Sand in Fluss und Meer rundgeschliffen waren, in Mörtel gebettet. Ein erstes Mosaikmuster tritt im 6. Jh. v. Chr. in den wenigen Fußbodenresten des Tempels der Athena Pronaia in Delphi auf. In dieser Epoche, geprägt durch die klassische Form der Architektur und der Skulptur, wurde auch das schlichte Kieselsteinmosaik als eigene Kunstgattung erkannt. Schöne Beispiele finden wir in Olynth auf der Halbinsel Chalkidike und im griechisch-makedonischen Pella (413-399 v. Chr.). In Pella wurden die dargestellten Figuren mit einem Bleirahmen eingefasst (siehe Legetechnik Seite 42), um sie klar vom Hintergrund abzuheben, und dann mit farbigen Kieselsteinen

1
Ausschnitt aus der Säulenwand aus Uruk (Warka), um 3000 v. Chr., sumerische Kultur, heute im Pergamon-Museum in Berlin.

2
Ausschnitt aus dem Mosaik der sumerischen Säule aus El-'Ubaid, etwa 2400 v. Chr., heute im Britischen Museum in London.

3
Detail aus der Löwenjagd, Kieselsteinmosaik aus Pella, Griechenland-Makedonien, 375-300 v. Chr.

4
Teilausschnitt aus Mosaikboden in Delos, Griechenland, 100-200 v. Chr.

3

4

ausgefüllt (Abb. 3). In Delos entwickelte sich die Mosaikkunst weiter, indem die Natursteine in kleinere und größere Quader gehauen wurden, die sogenannten «Tesserae». Aus dem 1.-2. Jh. v. Chr. stammen die naturalistischen, hellenistischen Darstellungen mit Jagd-, Masken-, Theaterszenen und Bildern aus der griechischen Mythologie. Interessant sind die dreidimensional wirkenden Motive (Abb. 4). Ebenfalls aus Delos stammt die Schablone, die zur Gestaltung eines gebräuchlichen Ziermotivs benutzt wurde (siehe Legetechnik Seite 42).

Römer

Der römische Schriftsteller Plinius hatte also, ohne etwas von der orientalischen Archäologie zu wissen, doch recht mit der Feststellung (Hist.nat. XXXVI 184): «Die Pflasterböden [pavimenta], die kunstvoll in der Art eines Bildes ausgeführt sind, haben ihren Ursprung bei den Griechen.» Die Römer übernahmen die Mosaikkunst von den Griechen und brachten diese Kunst von den Böden an die Wand und begannen auch Deckengewölbe und Kuppeln mit Mosaik auszukleiden. Auf Samos in Griechenland wurden in den Ausgrabungen der römischen Therme ein mit Mosaik ausgeschmücktes Schwimmbad und Spuren von Gewölbemosaiken gefunden.

In der Mosaikfachsprache sprechen wir nun bereits vom Mosaik-Typus «Opus vermiculatum», da die einzelnen Steine sehr klein sind und exakt gelegt wurden sowie einer bestimmten Linie, ähnlich den «vermis» (dt. Würmchen), folgen. Durch das Setzen von kleinen Tesserae (bis zu 63 Tesserae pro cm^2) konnten viele Farbnuancen gesetzt werden, welche die Formgebung sowie die Schattierung der dargestellten Personen und Tiere sehr realistisch erscheinen ließen. Schöne Beispiele haben wir zum Beispiel in Orbe, Schweiz, und in Nennig, Deutschland. Diese Mosaiktechnik, die sich bis ins 19. Jahrhundert weiterentwickelte (heute noch ist die berühmte Vatikan-Mosaikschule in Rom dafür bekannt), wurde im 15. Jahrhundert von Domenico Ghirlandaio als eine «Malerei für die Ewigkeit» bezeichnet.

Die Technik «Opus vermiculatum» wurde besonders für Bildszenen, die sich in der Mitte eines großen Bodenmosaiks befanden, für das sogenannte «Emblema» angewandt. Die Emblemas oder sehr fein gearbeitete Mosaiken wurden meist in Werkräumen, also nicht an Ort hergestellt und in einem Rahmen dorthin transportiert, wo das Mosaik eingesetzt werden sollte. Ein schönes Beispiel eines Emblemas stellt die «Soteria» (die Hoffnung) aus dem 4. Jh. n. Chr. aus Antiochia (Türkei) dar (Abb. 5). Die Technik des Erarbeitens eines Mosaiks im Atelier ist heute die am meisten angewandte Methode. In einem sogenannten indirekten Verfahren, das ab Seite 66 beschrieben ist, kann ein schwieriges Motiv mit kleinen Tesserae gearbeitet werden und später an den Bestimmungsort transportiert werden.

Dr. Antonio Salviati (1816-1890) hatte die Technik des indirekten Verfahrens für die Mosaikdekoration der Pariser Oper entwickelt (Abb. 6). Die heute in den Werkstätten hergestellten Mosaiken werden ebenfalls nach dieser Technik gearbeitet, verkauft, versandt und vom Plattenleger an Ort und Stelle eingesetzt.

Bei Arbeiten in römischer Tradition wurde um das Emblema herum ein Mosaikrahmen in geometrischen Mustern mit größeren Steinen, etwa 2 x 2 cm, gelegt. Diese Mosaikart wird «Opus tesselatum» genannt. Oft wurde dieser Rahmen durch einen weiteren Rahmen, wie bei einem Teppich, mit noch größeren Steinen, diesmal bereits in Dreiecke, Quadrate und Rhomben geschnitten, erweitert. So wird das Mosaik zum «Opus sectile». In Aquileia, in der Nähe von Grado, Italien, ist ein römischer Fußboden erhalten, der ein «Opus sectile» mit einem «Opus tesselatum» kombiniert (Abb. 7).

5

5
Römisches Mosaikemblema «Soteria» (die Hoffnung) aus dem 4. Jh. n. Chr., Antiochia, Türkei.

6

6
Teilansicht eines Fußbodens in der Pariser Oper, Paris (1870-1875).

7

7
Römischer Fußboden aus Aquileia bei Grado, Italien, der «Opus sectile» mit «Opus tesselatum» kombiniert zeigt (etwa 1 Jh. n. Chr.).

Übergang zum Frühchristentum, Byzanz und Ravenna

Vor allem in der frühchristlichen Zeit finden wir die ersten Kuppelmosaiken im Mausoleum Santa Costanza in Rom (360 n. Chr.). Die Darstellung ist ausgesprochen römisch und noch an die Thematik des Bacchus gebunden. Geändert hat aber die Interpretation. Die dargestellten Weinreben wurden nun als Thema der Abendmahlfeier angesehen. Von Bedeutung war der neue Effekt, der durch das an die Wand und in das Gewölbe gebrachte Mosaik erzielt werden konnte. So konnten die Figuren das betrachtende christliche Volk viel stärker beeindrucken. Das angewandte Material ist in kleine Tesserae gehauener weißer Marmor für den Hintergrund, wie es bei römischen Fußböden üblich war, und Smalten (Glasmosaiksteine) für die Figuren und Ornamente. So ist in einer Szene der Mantel des Christus mit Hilfe der Farbgebung modelliert worden. Im purpurroten Kleid wurden grüne, graue und blaue Smalten eingesetzt. Diese Legetechnik unter Anwendung von Kontrastfarben in einem auf den ersten Blick einfarbigen Hintergrund wird typisch bleiben für die Mosaikkunst, wie sie von den Byzantinern weiterentwickelt wurde. Sogar Raffaello ließ sich von dieser Farbgebung für seine Meisterwerke inspirieren. Das Mosaik fand so seine Anwendung als Element, das architektonische Formen unterstützt. Eines der schönsten Beispiele ist das Wand- und Gewölbemosaik des Mausoleums Galla Placidia, das der einfachen Grundstruktur des Gebäudes erst die eigentliche mystische Form verleiht (Abb. 8). Dieses Prinzip wurde zum Beispiel auch in Sufetula (heute Sbeïtla), Tunesien, für ein Taufbecken (Abb. 9) angewandt.

8

9

8
Innenansicht des Mausoleums der Galla Placidia in Ravenna (5. Jh. n. Chr.).

9
Teilansicht des Taufbeckens in Sufetela (heute Sbeïtla), Tunesien (6. Jh. n. Chr.).

Ab dem 5. Jahrhundert begann für Ravenna der Aufstieg zum Zentrum der frühchristlichen und byzantinischen Kunst, bis die Reichsstadt 751 von den Longobarden erobert wurde. 402 wurde Ravenna zur Hauptstadt des Weströmischen Reiches. Galla Placidia, Tochter des römischen Kaisers Theodosius I., heiratete den späteren Kaiser Konstantinus III. und wurde 421 zur Kaiserin erhoben. Nach dessen Tod (421) wurde sie verbannt und floh nach Konstantinopel (423). Dort konnte sie ihren Sohn Valentinian III. zum Kaiser ernennen. Sie selber blieb Regentin des Weströmischen Reiches mit Residenz in Ravenna, bis 437 ihr Sohn die Macht übernahm. Sie versuchte den Niedergang des Reiches aufzuhalten, indem sie zahlreiche Kirchen sowie ihr Mausoleum, in welchem sie aber nie begraben wurde, errichten ließ. Sie starb 450 in Rom.

Die Bauten in Ravenna führen den tiefen Wandel gegenüber der klassischen Antike vor Augen, ein langsamer Prozess, der sich erst am Ende der Spätantike vollendete. Aus der klassischen Antike bildeten sich die Formen der frühchristlichen Kunst heraus. Die Kirchen wirken von außen sehr einfach und ungeschmückt und innen entfaltet sich der unvergleichlich, einzigartige Zauber des Glasmosaiks, der eigentlichen frühchristlichen und byzantinischen Bildkunst.

Die meist unregelmäßig, oft schief und verschieden hoch gesetzten Smalten schaffen eine Bildoberfläche, auf der sich das raumschaffende Licht je nach Richtung und Intensität vielfach bricht, die Fläche durchleuchtet und glitzernd reflektiert. Durch diese optische Beweglichkeit entsteht ein geheimnisvoll anmutendes Belebtsein. Die Darstellung von Figuren und Pflanzen ist noch an die weströmische Tradition gebunden. Tiefblaue oder leuchtend goldene Gründe schaffen in den Mosaiken eine aus dem realen, irdischen Zusammenhang entrückende, übersinnliche Atmosphäre. Der Sternenhimmel im Kreuzgewölbe des Mausoleums der Galla Placidia vereinigt die verschiedenen Bildkompositionen, welche alle durch einrahmende Mäander und begleitende Ornamente zusammengehören. Der alles umschließende dunkelblaue Grund ist typisch frühchristlich im Sinne des symbolischen Unendlichkeitsblaus, das die Gestalten transzendierte. Die nachfolgenden Mosaiken dieser Epoche sind von Byzanz beeinflusst (Abb. 10).

Im Jahre 540, nach vier Jahren Krieg, eroberte Justinian I. Ravenna, die Hauptstadt des Ostgotischen Reiches zurück. Italien kam wieder zu dem orientalischen Großreich mit Sitz in Konstantinopel.

10

10
Detail aus dem Presbyterium in der Kirche S. Vitale in Ravenna (6. Jh. n. Chr.).

Ravenna wurde die Hauptstadt des byzantinischen Italiens. In dieser Zeit entstanden die berühmten Mosaiken, welche den Kaiser mit dem Bischof und den Würdenträgern zeigen und an der gegenüberliegenden Wand die mächtige Kaiserin Theodora I. mit Gefolge (siehe Doppelseite 8/9). Diese Gestalten präsentieren sich frontal, feierlich verharrend, im Voranschreiten. Mit den weiten, geradeaus gerichteten Augen im ruhig entspannten Antlitz erscheinen sie entrückt. Der orientalische Einfluss zeigt sich in den Ornamenten und Bordüren an den Kleidern und in den Bildrahmen, durch welche die verschieden Bildzyklen miteinander verbunden werden und so als Gesamtbild wirken. In den späteren byzantinischen Wandmosaiken kann beobachtet werden, wie die farbigen Naturdarstellungen allmählich verschwinden und wie nur noch Goldhintergründe gelegt wurden. Heute noch werden die kirchlichen Wandmosaiken zum Beispiel in Griechenland nach streng byzantinischem Vorbild ausgeführt.

Die würfelförmigen Glastesserae wurden im direkten Verfahren oft in gefärbten Zement gesetzt. Die einzelnen Steinchen sind zudem bewusst schräg eingesetzt worden, um die Farbpracht durch die entstehenden Lichtreflexe zu untermalen (siehe Zeichnung im Kapitel Legetechnik Seite 40). Die einzelnen Tesserae wurden relativ frei – mit größeren Zwischenräumen als zum Beispiel in den römischen Mosaiken – gesetzt und erzielen einen Gesamteindruck von Frische und Lebendigkeit, der an den Impressionismus erinnert.

Weitere berühmte Kuppeln entstanden in der europäischen und der arabischen Kultur. In Ravenna, Rom, Florenz und Venedig (Italien), in Konstantinopel (Türkei), in Thessaloniki (Griechenland), in Jerusalem (Israel) und in vielen andern Ländern können die Meisterwerke noch heute bewundert werden.

Orient – Islam

In der islamischen Kunst wurde mit gebranntem Ziegelstein in einer komplett andersartigen Technik gearbeitet. Ein Beispiel stellt das Minarett von Mas'ud III in Ghazna in Afghanistan (1114) dar, bei dem in doppelter Schichtung gelegte Ziegelsteine den Effekt von durchbohrten und ineinander verwickelten geometrischen Mustern erzeugen. Der berühmte Mosaikschmuck der Großen Moschee von Damaskus wurde von byzantinischen Künstlern ausgeführt. Ebenso kam 965 für den Mosaikschmuck des Mihrab (nach Mekka weisende Gebetsnische) in der Großen Moschee von Córdoba auf Bitten des Kalifen Al-Hakam ein vom Kaiser Nikephoros Phokas gesandter griechischer Mosaikkünstler mit einer Ladung Smalten nach Spanien. Die arabischen Künstler bestimmten den islamischen Stil der pflanzlichen Muster sowie der Schriften, aber die byzantinische Ausführung erlernten sie von dem griechi-

11

11
Detail aus dem Mihrab (nach Mekka weisende Gebetsnische) in der Großen Moschee von Córdoba, Spanien (10. Jh. n. Chr.).

schen Mosaikkünstler (Abb. 11). Die islamische Kunst wandelte die eigentliche Mosaiktechnik ab, indem sie sie mit der uralten orientalischen Tradition der Tonkacheln kombinierte und Fliesenmosaiken entwickelte.

Geometrische, präzise geschnittene Fliesenmosaik-Dekorationen finden wir in der märchenhaften Alhambra in Granada, Spanien, dann im Fort Lahore in Delhi, Indien. Diese Mosaiken unterscheiden sich von den Marmormosaiken in der Größe der einzelnen Elemente und in der Formgebung. Bei der Keramik ist das einzelne Element in eine bestimmte Form geschnitten und die Elemente werden ähnlich der Intarsiakunst beinahe fugenlos zusammengefügt.

Mittelalter

In Otranto (Italien) sind die für das Mittelalter typischen Darstellungen wie Tiermotive und vereinfachte figürliche Darstellungen in einem riesigen Lebensbaum auf dem Fußboden der Kathedrale des Priesters Pantaleone (1163-1165) zu sehen. Ein weiteres Beispiel aus dem Jahr 1213 finden wir im Kapitel Legetechnik auf Seite 46. Diese Mosaiken sind mit größeren Mosaiksteinen gelegt, vorwiegend in Naturstein. Typisch sind die frei wirkende Legeart und die dunklen Umrisslinien der einzelnen Darstellungen.

Verschiedene Kulturen außerhalb von Europa

Das Mosaik war bereits in Ägypten und in Zentralamerika bekannt. Allerdings wurden dort die Mosaiken aus einem anderen Material hergestellt. Aus Ägypten ist uns ein glasähnliches Material (nicht aus Ton, sondern aus feinem Sand, mit Natron erhitzt) überliefert. Dieses Material steht den Glasmosaiksteinen (Smalten) sehr nahe, die Jahrtausende später zu dem Schönsten aller Mosaikmaterialien werden sollten und heute noch in Venedig hergestellt werden.

Die Ägypter haben um 2750 v. Chr. einige Wände in König Djosers Grabanlage bei Sakkâra mit leicht gewölbten, grünlichen Kacheln größeren Formats bedeckt, die Schilfmattengeflecht darstellen. Sie haben aber den Schritt zur Aufsplitterung in Teilstücke, die in verschiedenen Farben aneinanderge-

12

12
Jademaske aus dem Tempel Palenque (Mexiko, 683 n. Chr.).

fügt werden, nicht getan. Daher kann diese Art nicht eigentlich als Mosaik bezeichnet werden.

Im präkolumbianischen La Venta entdeckte man ein Fußbodenmosaik aus dem 8.-4. Jh. v. Chr. Die großen grünen Serpentinsteine, die Jaguarmasken darstellen, sind mit größeren Zwischenräumen in den roten Tonhintergrund eingesetzt worden. Dieser Fußboden ist ein Beispiel dafür, wie wichtig der Hintergrund und der Abstand zwischen den einzelnen Steinen sein kann. Den Gegensatz dazu bilden die griechischen und römischen Mosaiken, die keine großen Zwischenräume haben.

1952 entdeckte der mexikanische Archäologe Alberto Ruz das Grab des Mayaherrschers Pacal. Während der Untersuchung der Grabkammer im Tempel von Palenque aus dem Jahr 683 n. Chr. fand er die lebensgroße Jademaske, die auf dem Gesicht des Herrschers lag. Der Untergrund war aus Holz, das in der Zwischenzeit vermodert ist. Die Augen sind aus Muscheln und Obsidian (Abb. 12).

Die wunderschön geschmückten aztekischen Holzmasken sind aus dem 5.-6. Jh. n. Chr. und heute in verschiedenen Museen in London, Mexiko-City und Rom zu bewundern. Hier wurden die Mosaiksteine aus Türkis, Granit und Halbedelsteinen mit einem warmen Bindemittel aus natürlichem Harz im direkten Verfahren auf die Holzmaske geklebt. Die Augen waren oft aus Perlmutter oder farbigen Muscheln.

Im Weiteren ist eine zweiköpfige Schlange, die mit Türkismosaik eingekleidet ist, aus der aztekischen Kultur erhalten. Sie ist heute im Britischen Museum in London zu sehen.

14

14
Brunnenhaus im «Casa degli Scienziati» in Pompeji (1. Jh. n. Chr.).

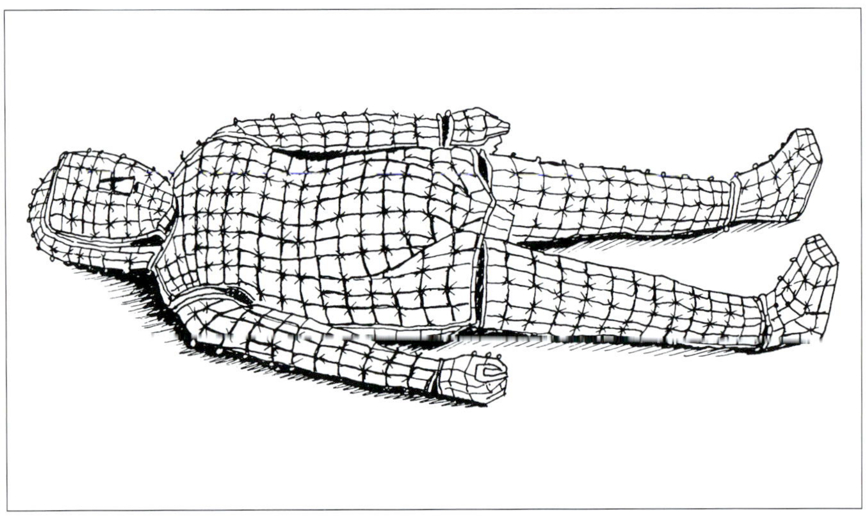

13

13
Totengewand des Prinzen Liu Sheng, westl. Han-Periode, aus dem Jahr 113 v. Chr.

Aus China stammt das Totengewand des Prinzen Liu Sheng, westliche Han-Periode, aus dem Jahr 113 v. Chr., welches aus 2498 meist rechteckigen Jadeplättchen unterschiedlicher Größe zusammengesetzt und mit insgesamt 1,1 kg Golddraht vernäht ist (Abb. 13). Das Totengewand befindet sich heute im Museum der Provinz Hebei. Diese Arbeit reihen wir unter Mosaik im weiteren Sinn ein, da sie aus einzelnen kleinen Teilen besteht, obwohl die Jadeplättchen nun nicht in einen Mörtel gedrückt sind, sondern mittels Draht zusammengeknüpft wurden. Bei der Mosaikskulptur auf Seite 105 wird eine ähnliche Technik angewandt, d.h. es werden ebenfalls Marmorsteine mit Draht verknüpft. Eine noch ältere chinesische Mosaikspur fand sich in Erlitou, wahrscheinlich der ersten Hauptstadt der Suang-Dynastie (etwa 1750-1000 v. Chr.). Aus dieser Zeit ist eine Schmuckplakette aus Bronze mit Türkiseinlagen erhalten. Es handelt sich um die erste Einlegearbeit in Bronze, die früheren Beispiele zeigen die Einlegearbeit auf Ringen und fein gearbeiteten Gürtelanhängern aus Knochen und Zahn. Die längliche Bronzeplakette ist leicht gewölbt und bildet mit ihren abgerundeten Ecken zugleich Rahmen und Untergrund für die streng symmetrische Einlegearbeit aus Türkisen unterschiedlicher Form und Größe.

15

Moderne

Im 18., 19. und 20. Jh. knüpfte man wieder an die römisch-hellenistische Mosaikdarstellung an. Es wurden schwarz-weiße geometrische Motive für Mäander, aber auch Ornamente und Bilddarstellungen kopiert. Nur wirken diese neueren Mosaiken weniger frei fließend, sondern eher statisch. Die Mosaiken scheinen zum Teil Gemälde zu sein, da sie so präzis und mit einer äußerst reichen Farbskala ausgeführt worden sind. Groß kam das Mosaik erneut in der Art Déco-Bewegung mit der aus Italien nach Frankreich ausgewanderten Mosaikkünstlerfamilie Odorico auf, welche nach dem von Salviati entwickelten indirekten Verfahren arbeitete (siehe Seite 66-70).

15
Chamäleon auf dem Platz «La Glorieta» von Louis Morera auf der Insel La Palma, kanarische Inseln, Spanien.

16
Moaikbrunnen in Zürich (1909).

16

In Zürich finden wir einen kleinen Mosaikbrunnen an der Seepromenade aus dem Jahre 1909 (Abb. 16).

Das heute begehrte unregelmäßige Fliesenmosaik (siehe auch «Orient-Islam») löste die Nachahmung der klassischen Mosaiken ab. Viele bekannte Künstler gestalten ihre Monumente mit Fliesenmosaik. Dieses Material fand Einzug in unsere Breitengrade über die arabische Kultur nach Spanien und von dort nach Italien.

Antonio Gaudì war einer der großen Revolutionäre in der Mosaikkunst. Inspiriert von den aztekischen Mosaik-Holzmasken, die während der Barockzeit nach Europa gelangten, und von den arabischen Fliesenmosaiken bediente er sich der Scherben von «azulejos» (bunte, hauptsächlich blaue Fayencefliesen) sowie der Bruchstücke aus Tassen und Tellern, um seine fantasievolle Architektur mit Mosaik einzukleiden. Die einzelnen Elemente sind also nicht mehr in einer bestimmten Form zugeschnitten und auch nicht in Würfelform wie bei den Griechen und Römern, sondern mehr zufällig zerbrochen und neu zusammengefügt (Abb. 17). Diese zufällig zerbrochenen Keramikreste fügte er jedoch so zusammen, dass sie einer Linie folgen, wie in den antiken Mosaiken, und einen Rhythmus bilden.

Weitere Künstler wie Friedensreich Hundertwasser in Wien mit seinem Hundertwasserhaus und vielen anderen Gebäuden, wie Niki de Saint Phalle in ihrem «Parco dei Tarocchi» in Garavicchio in der Toskana und wie Bruno Weber mit seinem Haus-Skulpturen-Park in Dietikon, Zürich, wandten diese Mosaiktechnik auf ihren Baugebilden und Skulpturen an (Abb. 18 und Seiten 108-111).

17

17
Detail aus dem Güell-Park in Barcelona, Antonio Gaudì (1905–1914).

Die Mosaik-Techniker, die Niki de Saint Phalle halfen, die Skulpturen im «Parco dei Tarocchi» mit Mosaik einzukleiden, wandten die auf Seite 36 beschriebene Technik an.

Bruno Weber erzählte mir, dass er eine Keramikplatte nimmt, das bereits in den Zement gesetzte unregelmäßige Keramikelement aufmerksam ansieht und sich geistig auf die zu zerteilende Platte konzentriert und so die Tonplatte genau in die Form zerteilen kann, die er braucht, um mit dem bereits gelegten Mosaikteil eine rhythmische Linie bilden zu können. Seine Wandflächen sind nicht zufällig mit beliebigen Keramikteilen eingekleidet, sondern mit Elementen, die ganz bewusst mit einem entsprechenden Schnitt getrennt und Mustern und Linien folgend in den Zement eingedrückt wurden.

18

18 **Hundertwasserhaus in Wien.**

Auch bei Hundertwasser kann man den eingehaltenen Rhythmus beobachten, vor allem wenn er klare Formen darstellte wie einen Vogel, einen Schmetterling oder einen Baum.

Niki de Saint Phalle hat zum Teil eigene Mosaikelemente aus Keramik kreiert. Ebenso hatte zuvor Gustav Klimt in seiner berühmten Mosaik-Dekoration für den Palais Stoclet in Brüssel (1905-1909) eigene Teile aus Ton machen lassen; seine Dekoration wurde so zu einer Mischung von Mosaik- und Intarsiakunst.

Gustav Klimt war aber weitgehend von der byzantinischen Mosaikkunst beeinflusst, die er 1903 während seines Aufenthaltes in Ravenna eingehend studiert hatte. Klimt arbeitete vorwiegend mit Goldtesserae und farbigen Smalten.

Viele Künstler in unserer Zeit wenden das Mosaik in ihren Objekten, architektonischen Konstruktionen und Skulpturen an, so zum Beispiel Lucio Fontana, Italien, Jerry W. Carter, U.S.A., Catherine Mandron, Frankreich (siehe Seite 107), Felice Nittolo, Italien (siehe Seite 112), Bruno Weber, Schweiz (siehe Seite 108-110), und viele andere mehr. Jeder Künstler hat seine eigene Technik entwickelt, die auf der Basis des antiken Mosaiks beruht, aber mit Hilfe von ständig neuen Materialien auch neue Wege gefunden hat und findet.

In der Inneneinrichtung und im Möbeldesign fand das Mosaik in der Jugendstilepoche seinen Ausdruck, später in den sechziger Jahren und heute findet Mosaik wieder Eingang in Restaurants, Kaffeehäusern, öffentlichen Gebäuden und in unseren

Wohnräumen, angefangen von Wanddekorationen wie zum Beispiel in der Bank Bär in Zürich bis zu Tischplatten, Spiegelrahmen, Schmuckkästchen, Kommoden, Badezimmern, Lampen und sogar auf Textilien. Einige dieser Werke sehen Sie ab Seite 49 und Sie lesen Erklärungen, wie die Arbeiten ausgeführt worden sind.

Anwendung von Naturmaterialien in den verschiedenen Epochen bis heute

In den verschiedenen Kulturen werden jeweils spezifische Materialien angewandt, Muscheln, Marmor, Perlmutter, Granite, Kalksteine und viele andere mehr, je nachdem welche Materialien im jeweiligen Land gefunden wurden.

Besonders interessant, was die Materialien anbelangt, sind die Muschelmosaiken oder die kombinierten Mosaiken mit Natursteinen, Glassteinen und Muscheln, wie wir sie in Pompeji, z.B. im Brunnenhaus der Casa degli Scienziati, 1. Jh. n. Chr. (Abb. 14), in den Boboli-Gärten in Florenz aus dem 16. Jh. und in Lainate (bei Mailand) in der Villa des Pirro Visconti Borromeo sowie in Portofino bewundern können.

Auch heute gibt es Mosaikböden, gestaltet mit Natursteinen, die in ihrer ursprünglichen Form belassen werden. Schöne Fußbodenmosaiken im sogenannten Fischgratmuster habe ich zum Beispiel in Granada, Spanien, gesehen (siehe Kapitel Legetechnik, Seite 46). Eine weitere Form eines Natursteinbodens mit am Strand gefundenen, vom Wasser geformten halbrundflachen Steinen habe ich auf der kanarischen Insel La Palma entdeckt. Der Künstler Luis Morera kreierte seinen Platz «La Glorieta», indem er den traditionellen kanarischen Steinboden mit Keramikmosaik kombinierte und den Brunnen mit einem Wasser speienden Chamäleon schmückte (Abb. 15).

Professionelle Mosaikformen und -techniken heute

Eine antike und heute noch angewandte Mosaikkunst ist der venezianische Fußboden. In Italien gibt es noch einige wenige Handwerker, die venezianische Fußböden nach herkömmlicher Technik herstellen. Ab Seite 92 sehen Sie Erklärungen mit Bildern.

Auch industriell werden Mosaikplatten im venezianischen Stil hergestellt und entsprechend auf Fußböden in Wohnräumen eingesetzt. Dieses Mosaik ist günstig und mit Restmaterialien schnell angefertigt, da es kein eigentliches Muster aufweist.

Eine große Herausforderung für professionelle Mosaikkünstler sind heute die wichtigen und dringend nötigen Restaurierungen von antiken Mosaiken.

Bei der heutigen Restaurierung von Mosaiken wird die Auffassung vertreten, diese möglichst am Fundort zu lassen und nur zu reinigen und mit Wachs eine Schutzschicht aufzutragen. Nur wenn der Boden, der Mörtel, in dem das antike Mosaik eingesetzt ist, und der Unterboden zu weich oder zu feucht ist, wird das Mosaik nach der Restaurierungstechnik herausgehoben. Auf die Restaurierung wird in diesem Buch nicht näher eingegangen, aber auf Seite 76 ist kurz das «Flicken» eines Mosaiks aufgeführt.

TECHNIK

Vom Mosaikmaterial zur Legetechnik

Vorhergehende Doppelseite
Kieselsteine

Mosaikmaterialien

Naturstein

Auf Wanderwegen, Spaziergängen, in den Ferien am Strand – überall finden wir interessante, vielfarbige, verschieden geformte Steine. Doch bevor alle Steine nach Hause getragen werden, sollte gleich beim Sammeln die Zweckmäßigkeit für das Mosaik überprüft werden. So sind zum Beispiel Kalksteine am leichtesten zu bearbeiten, körnige und schieferige Steine schwieriger, kugelige Kiesel eher nicht geeignet, hingegen linsenförmige Kiesel besser zu handhaben (Abb. 19).

Granite können maschinell geschnitten oder mit Hammer und Dorn zerschlagen werden, brauchen aber bereits etwas Übung. Für ein erstes Mosaik ist eher davon abzuraten. Kristalle oder gar Edelsteine sind sehr schön, aber auch schwieriger in die gewünschte Form zu bringen. Einzelne schöne Stücke wirken aber sehr schön, indem man sie gar nicht erst zu zerteilen versucht, sondern sie so nimmt und in das Mosaik einfügt, wie sie sind (Abb. 20). Die Mosaikkünstlerin Harriet Backer aus Norwegen (siehe Seite 82) arbeitet vorwiegend mit Natursteinen, die sie auf ihren vielen Wanderungen in den norwegischen Bergen findet. Sie lässt sich von den Steinen verführen und führen, wie sie selbst ihre Mosaikkunst beschreibt.

19
Verschiedene Natursteine.

20
Halbedelstein und Muranoglas.

Marmor

Marmorreste können bei Marmorhändlern bezogen oder bereits in Würfel geschnitten eingekauft werden. Die Marmorwürfel, genannt Tesserae, werden vorwiegend für klassische römische Motive angewandt. Auch beim Marmor gibt es verschiedene Qualitäten, Marmor mit vielen Venen ist eher schwierig in das gewünschte Quader zu schlagen, kompakter Marmor entsprechend einfacher (Abb. 21).

Granit, Serpentin

Diese harten Steine wurden und werden hauptsächlich im «Opus sectile» (siehe Abb. 7, Seite 13) in den Formen von sechseckigen Rhomben, großen Dreiecken und Vierecken für Fußböden von großen Eingangshallen verarbeitet. Sie werden maschinell zugeschliffen und sind daher ein Material für professionelle Mosaikgestalter.

Die Natursteine können nach der Verlegung geschliffen und poliert werden, mittels einer Winkelschleifmaschine oder von Hand mit Carborundum-Stein von mittlerem Korn, Bimsstein mittel und schließlich Bimsstein fein. Natursteine sind sehr gut geeignet für Fußböden (Abb. 21).

Venezianische Glassteine, genannt Smalten

Smalten sind in Venedig hergestellte Glassteine. Sie sind in vielen Farben erhältlich und bei einer Großbestellung werden sogar spezielle Farben für den Kunden hergestellt. Das Glasmaterial kann entweder in sogenannten Kuchenfladen oder bereits in Würfel geschnitten bestellt werden. Gold und Silbersmalten, mit echtem Gold- und Silberblatt im Glas eingearbeitet, werden ebenfalls in Venedig hergestellt. Die Smalten wurden vorwiegend in der byzan-

21

21
Marmor- und Granitstreifen (können vom Marmist zugeschnitten bezogen werden).

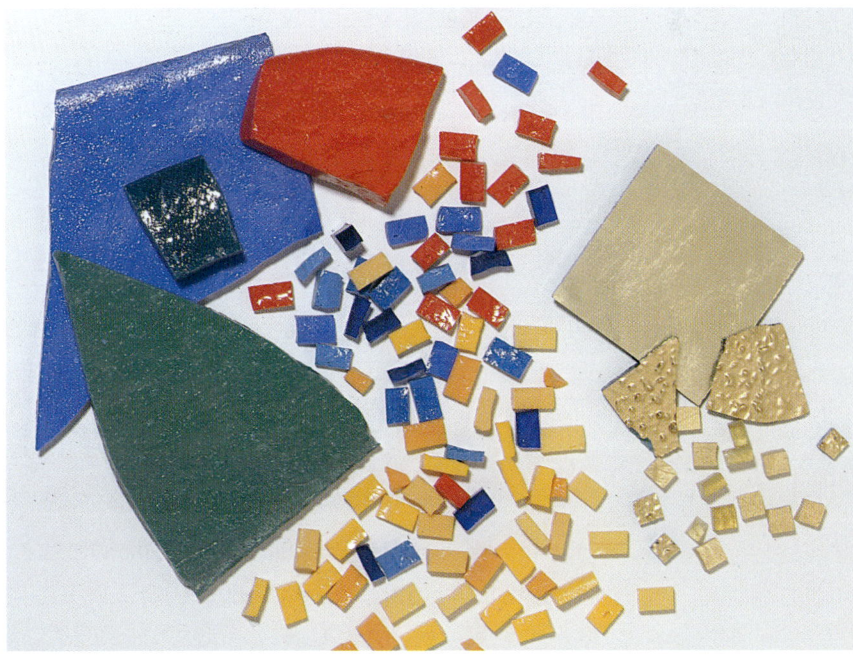

22

22
Venezianische Smalten in Kuchenform oder in bereits zugeschnittenen Quadern erhältlich.

23
Farbskala der venezianischen Smalten.

24
Industriemosaik auf Papier oder auf Netz geklebt und in verschiedenen Qualitäten lieferbar.

tinischen Epoche verwendet, wie es die wunderschönen Beispiele in Ravenna zeigen. Die Smalten eignen sich eher für Wandmosaiken, in kleinen Mengen auch für Fußböden. Neu gibt es die Smalten «Piastrina», 4-5 mm dick, in den gleichen Farben, nur mit dem Unterschied, dass die Oberfläche eben ist. (Abb. 23).

Industriemosaik

Industriemosaiksteine sind in Plättchen von 2 x 2 cm geschnitten und auf Papier oder Netzmaterial aufgeklebt erhältlich. Dieses industriell hergestellte Glasmosaik bekam mit dem Jugendstil Aufschwung. Das Glasmaterial ist gleichmäßig eben und gleichmäßig geschnitten, anders als die leicht unregelmäßigen handgemachten venezianischen Glassteine. Es ist ein leicht zu verarbeitendes Material und kann mit der Mosaikzange bequem in die gewünschten Formen geknipst werden. Geeignet ist das Material für kleinere Arbeiten wie z.B. Schmuckkästchen sowie für größere Unternehmen wie Schwimmbäder und Badezimmer. Neu ist nun auch die Sorte «Opus Romanum» erhältlich, so genannt wegen der Steingröße von 1 x 1 cm. Alle diese Glassteine sind auf einer Seite geritzt, um eine bessere Haftung im Mörtel zu gewährleisten, und verfügen über eine glatte Oberfläche (Abb. 24).

Tiffany-Glas

Wer bereits mit Tiffany-Glas arbeitet, kann die entstandenen Resten gut für Mosaiken verwenden, natürlich mehr für kleinere Arbeiten (Abb. 25).

25
Tiffany-Glas und gefärbtes Fensterglas.

Selbst gemachte Glassteine aus Fensterglas

Fensterglas kann in einer Glaserei gekauft werden. Um gefärbte Glassteine zu erhalten, bemalt man das Glas mit Ölfarbe oder mit Keramikfarbe.

Mit Transparentfarben bemaltes Glas bleibt durchsichtig. Die unbemalte Seite kommt an die Oberfläche zu liegen. Mit Hilfe eines Metallstabes und eines Glasschneiders oder einer speziellen Glas-Zange mit Auffangbeutel können die Formen geschnitten werden.

Selbst gemachte Gipssteine

Zur Herstellung wird weißer Modellgips verwendet. Der dickflüssige Gipsbrei kann mit Farbpigmenten (auch Temperafarben, Tuschen, Tinten, Beizen, Ostereierfarben, Acrylfarben) gefärbt werden.

Der Brei wird auf eine mit Trennmittel (z.B. flüssige Schmierseife) bestrichene Holzplatte, ein Kuchenblech oder ähnliches etwa 1 cm dick gegossen. Vor dem endgültigen Erstarren (nach wenigen Minuten) können bereits Würfel vorgeschnitten werden oder der Gipskuchen kann nach dem Erstarren mittels Säge und Mosaikzange verkleinert werden. Die Gipssteine können im indirekten Verfahren gesetzt und mit Gips ausgegossen werden. Diese Gipssteine eignen sich nicht für Gebrauchsgegenstände (Abb. 26).

Colorzementsteine

Diese sind nach dem gleichen Prinzip herstellbar wie die Gipssteine. Die in Baustoff-Firmen erhältlichen Farbzemente sind miteinander mischbar und erübrigen das Färben der Masse. So kann z.B. mit blauem Colorzementteig der blaue Lapislazuli imitiert werden.

Der graue oder weiße Zement kann mit Farbpigmenten eingefärbt werden. Um natürliche Farbtöne oder unterschiedliche Strukturen zu erhalten, kann Feinsand, Tennissand oder Marmorpulver darunter gemischt werden.

Ton-/Porzellansteine

Wer mit Ton oder Porzellan arbeitet, kann ohne Probleme seine eigenen Fantasiesteine herstellen. Wer nicht über die entsprechende Einrichtung verfügt, kann eigene Tonsteine unter Verwendung von Back-

26

27

26
Selbst gemachte Gips- und Colorzementsteine.

27
Selbst gemachte Tonsteine.

28
Keramikfliesen.

29
Klinker.

30
Muscheln.

ofenton oder an der Luft trocknendem Ton herstellen. Diese selbst geformten Steine können beliebig bemalt werden. Nicht im Brennofen gebrannter Ton ist aber nicht wetterbeständig (Abb. 27).

Keramikfliesen

Abfallmaterial kann bei größeren Fliesengeschäften gratis bezogen werden. Die gesammelten Fliesen sollten von Vorteil nach Dicke und nach Qualität geordnet werden. Es gibt wetterfeste und nicht wetterfeste Fliesen. Weiße gewöhnliche Haushaltskacheln können z. B. selbst bemalt werden. Die Fliesen werden mit dem Hammer in unregelmäßige Stücke gehauen oder mit einem Fliesenschneider in präzise Formen geschnitten (Abb. 28, 29).

Weitere Fantasiematerialien

Am Strand gefundene Muscheln sind reizvoll, Spiegelscherben, Glasperlen (auf einer Seite flach), altes Geschirr, Flaschenscherben und vieles mehr kann zum Einsatz kommen (Abb. 30). So konstruierte z.B. der Italiener Simon Rodia während 33 Jahren (1921-1954) in Los Angeles seine über 30 Meter hohen Watts Towers aus Abfallmaterial wie eisernen Bettstellen oder demontierten Rohren und dekorierte die Türme mit Mosaik aus Muscheln, Flaschenscherben und anderem Abfallmaterial.

28

30

29

Unterlagen für Mosaiken

Mosaik kann auf jedes Material geklebt oder eingesetzt werden, mit dem richtigen Klebstoff sogar auf ein T-Shirt. Bei der Wahl einer Holzplatte muss darauf geachtet werden, dass sie nicht zu dünn ist, da sie sich ansonsten unter dem Gewicht von Mosaik und feuchtem Mörtel verzieht. Geeignet ist eine MDF- oder Sperrholzplatte von ungefähr 12,5 mm Dicke. Holz kann zum besseren Schutz gegen die Einwirkung des feuchten Mörtels mit speziellen Produkten wasserfest gemacht werden. Im Handel sind auch wasserfest verleimte Spanholz- oder Sperrholzplatten erhältlich. Glatte Oberflächen werden von Vorteil etwas aufgerauht. Falls nicht möglich, kann die Fläche mit Leim bestrichen und anschließend mit Sand bestreut werden (siehe Seite 61, 65). Oder man kann ein rostfreies Drahtgeflecht auf die glatte Fläche festnageln, damit der Mörtel mehr Halt hat (siehe das Wandmosaik im Park Mirabilandia bei Ravenna, Seite 85). Im Handel sind bereits so gute Klebstoffe und Setzmörtel erhältlich, dass auf Plastikflächen und Metallflächen direkt gearbeitet werden kann. Selbst hergestellte Mosaikplatten ohne Unterlage werden mit einem dünnen Drahtgitter unterlegt und mit Beton gegossen (siehe Seite 91). Diese Platten können wie Keramikfliesen in einen Fußboden oder an die Wand verlegt werden oder z.B. als Untersatz benutzt werden.

Klebstoffe

Wie bereits erwähnt, gibt es sehr viele verschiedene Klebstoffe. Am besten lässt man sich im Fachgeschäft beraten, welcher Leim für das bevorstehende Mosaikvorhaben der geeignetste ist. Beim Klebstoff kommt es darauf an, welches Material mit welchem verklebt werden soll und wo das Mosaik schließlich sein wird, innen oder außen, auf dem Boden, an der Wand, auf einem Topf usw. Einige Beispiele: Holzleim, PVA (Polyvinylacetat) klebt Glas und Keramik auf Holz; durchsichtiger Alleskleber auf Keramik, Ton, Gips; Heißleim auf Ton, Glas, Gips; Komponentenkleber auf Metall, Tontöpfen für den Außenbereich. Fliesenkleber, ein spezieller Mörtel für Fliesen, ist geeignet für den Innenbereich, Zementfliesenkleber für den Außenbereich, Dichtungs-Silikon für Glas auf Glas oder Glas an die Wand. Epoxidharz eignet sich auf Glas und für Keramik auf Metall. Fliesenkleber-Paste hält auf Problem-Unterlagen wie z.B. Gipsputz, Gipskartonplatten, Ölfarben, Eisen.

Zemente und Fugenmörtel

Der Unterboden eines antiken Mosaiks hat folgendermaßen ausgesehen:

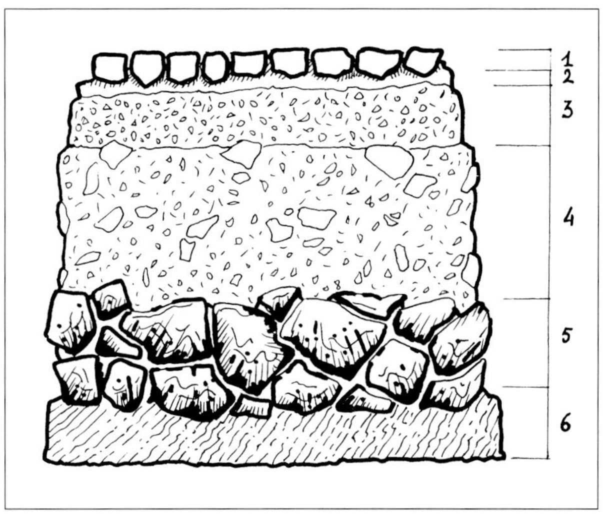

31

31
1 Mosaik
2 Mörtel
3 Nucleus (Hauptschicht aus Ziegelschutt)
4 Rudus (Mörtel aus Kies und Kalk)
5 Statumen (Grundschicht aus Steinen)
6 Boden

Zur Technik des Mosaiks gehört auch der Aufbau des Bodens oder die Herstellung der Unterlage. Aus den beiden wichtigsten antiken Quellen von Vitruv (De architectura VII 1) und Plinius (Hist. nat. XXXVI 184-198) stammt das Wissen über den im Altertum üblichen Aufbau des Bodens.

Schließlich hängt von dem Boden ab, ob die fertige Fläche Belastung, Nässe und Frost aushält, ohne sich zu verziehen oder einzusinken. Über eine dicke Grundschicht (statumen) aus Steinen schüttete man einen Mörtel (rudus) aus Kies und Kalk im Verhältnis 3:1, bei Fußböden unter freiem Himmel aus Kies, Kalk und zerstoßenen Ziegeln im Verhältnis 2:2:1. Diese festgestampfte Schicht war etwa 23 cm dick, im Freien etwa 30 cm dick. Auf diese Schicht legte man die Hauptschicht (nucleus) aus Ziegelschutt mit einem Viertel Kalk, etwa 11 cm dick. Dann konnten die Tesserae in die schmale, auf den nucleus aufgetragene Mörtelschicht (gleiche Zusammensetzung wie für den nucleus, nur feiner) aufgesetzt und eingedrückt werden. Manche römischen Tesserae sind nicht würfel-, sondern stäbchenförmig und ragen etwa 1 cm in den nucleus hinunter. Die Zwischenräume wurden ausgefugt und die Oberfläche mit Sand glattgeschliffen.

Für Wandmosaiken wurde ebenfalls eine Grundierung von mehreren Schichten angewandt. Die Gefahr bei Wandmosaiken kann sein, dass sich einzelne Tesserae lockern und herausfallen oder dass sich ganze Teile lösen und abfallen, unter denen sich Hohlräume gebildet haben. Mit Hammerschlägen wurde die Mauer aufgerauht und Nägel wurden in die Mauer eingeschlagen, damit der Mörtel besseren Halt finden konnte. Es wurde eine Mörtelmischung aus Marmorstaub, Kalk und vulkanischer Pozzulan-Erde verwendet oder gemäß Vasari (Le vite I 29) Travertinstaub, zerstoßene Ziegel und Eiweiß, das sich mit dem Kalk zu besonderer Härte verbindet. Heute muss bei Wänden vorerst der Verputz weggeschlagen werden, dann muss die Wand gut genässt werden, bevor der Mörtel aufgetragen wird. Im Beispiel des Wandmosaiks von dem Vergnügungspark Mirabilandia bei Ravenna wurde ein rostfreies Drahtgeflecht mit rostfreien Nägeln an die Mauer montiert, siehe Seite 85.

Der traditionelle Mosaikmörtel beim direkten Verfahren ist ein Gemisch aus Portlandzement, Sumpfkalk und Flusssand, er wird auf den Beton oder auf die vorbereitete Unterlage etwa 7 mm, je nach Dicke der Steine, aufgetragen (siehe Rezept). Dieser Unterboden, welche der Hauptschicht nach der antiken Darstellung entspricht, wird für Fußboden- und Wandmosaiken angewandt. Bei dieser Mosaiktechnik braucht es keinen zusätzlichen Fugenmörtel. Fußböden können nachträglich ausgefugt werden, um eine ebene Fläche zu erhalten. Von Vorteil ist, einen dunkel eingefärbten Fugenmörtel zu nehmen, da so der sich mit der Zeit bildende Schmutz nicht sichtbar ist.

Generell gilt auch heute, dass auf die untere gröbere Schicht eine obere feinere Schicht für die Tesserae gestrichen wird. Wichtig ist, dass jede Schicht zuerst erhärten und vor dem Auftragen der neuen Schicht noch einmal angefeuchtet werden muss, um eine bessere Bindung der beiden Schichten zu ergeben. Die oberste Schicht wird jeweils nur partiell aufgetragen, damit der Mosaikgestalter seine Tesserae in den noch feuchten Mörtel einsetzen kann. Denn ist der Mörtel einmal trocken, kann er nicht mehr bearbeitet werden. Um die Trocknung zu

32 

32
Zubereitung des Mörtels.

verzögern und die Möglichkeit von Korrekturen länger offenzuhalten, hat Muziano da Brescia im 16. Jahrhundert in der Cappella Gregoriana von St. Peter einen Kitt mit Ölbeimischung verwendet, den anscheinend schon die Römer gekannt haben: 60% Travertinstaub, 25% Löschkalk (aus Travertin gewonnen), 10% rohes und 5% gekochtes Leinöl. Nachteile sind, dass die Steintesserae das Öl aufsaugen und sich verfärben können und dass dieser Kitt an den Außenwänden langsam zerbröckeln kann.

Fliesenkleber und Zementfliesenkleber werden 2 mm dünn (je nach Dicke des Materials, ev. auch bis zu 5 mm) auf der Unterlage aufgetragen. Dem Zementfliesenkleber kann Latexadditiv (flüssiges Bindemittel) zur Erreichung eines noch besseren Halts und Elastizität beigemischt werden. Die Steine werden eingesetzt und am Schluss mit dem Fugenmörtel ausgefugt. So werden die Zwischenräume der einzelnen Steinchen ausgefüllt. Der Fugenmörtel kann mit Pigmentfarben, Tempera oder Acrylfarben eingefärbt oder die Fugen können nachträglich nur an der Oberfläche übermalt werden.

Zementrezepte

Feinbeton: 1 Teil Zement, 2 1/2 Teile Kies oder Maurersand. Nur so viel Wasser dazugeben, bis die Mischung feucht ist; je nasser der Beton, desto unsolider ist er.

Mosaikmörtel: 2 Teile Zement, 1 Teil Weiß-, Sumpfkalk, 1 Teil Feinsand (gesiebter Flusssand). Zuerst Kalk und Sand miteinander vermischen, dann den Zement beimischen und schließlich mit dem Wasser zu einem Kuchenteig verarbeiten.

Griechischer Mosaikmörtel: 2 Teile Bergsand, 1/2 Teil zerstoßene Ziegel (oder Tennissand), 1/4 Teil weißer Zement, 1 1/2 Teile Kalk. Die verschiedenen trockenen Teile gut sieben und vermischen, dann den Kalk beimischen und schließlich mit Wasser anmachen.

Mörtel für direktes Arbeiten auf Holz: 1 Teil Sand (gesiebt), 1 1/2 Teile Kalk, 1/5 Teil Tennissand (gesiebt), 1/4 Teil Zement (gesiebt) und Wasser.

Mörtel für direktes Setzen auf Metall: 2 Teile Marmorpulver, 1 Teil Sand (gesiebt), 1/4 Teil Tennissand (gesiebt), 1/2 Teil Zement, vermischen und mit der separat angemachten Mischung aus 1 Teil Weißleim und 3 Teilen Wasser zu einer Paste zusammenmischen.

Antikes Rezept für Wachsmörtel für die Miniaturmosaiken auf Holz: 1000 g Bienenwachs, 500 g Paraffin, 100 g Kolophonium, alles wurde im warmen Zustand miteinander vermischt und die kleinen Mosaiksteinchen wurden in den warmen Wachs gesetzt.

Einige Tipps:

Nur soviel Zementmischung anmachen, wie innerhalb vier Stunden verarbeitet werden kann. Ein

Zuviel an Zement kann nicht aufbewahrt werden, er muss weggeworfen werden. Die einmal vorbereitete Mischung sollte nicht kurz vor dem Austrocknen mit Wasser verdünnt werden, da die Haltbarkeit des Materials dadurch nicht mehr gewährleistet ist.

Arbeiten Sie mit kleinen Plastikschalen oder mit Behältern, wie sie von den Berufsleuten gebraucht werden. Die Behälter immer mit Zeitungspapier von dem alten trockenen oder nicht fertig gebrauchten Zement reinigen. Achtung! Keine Zementreste in den Abfluss spülen, da die Abflussrohre verstopft werden können. Sämtliche Materialreste gehören in den Abfalleimer.

Reinigen Sie die gebrauchten Behälter und Werkzeuge sofort nach Gebrauch, da einmal eingetrocknete Zementreste beinahe nicht mehr wegzubringen sind. Für empfindliche Hände empfiehlt es sich, mit Plastikhandschuhen zu arbeiten. In jedem Fall ist eine sehr gute Handcreme empfehlenswert.

Werkzeuge

Der traditionelle Hammer mit Dorn wird verwendet, um Marmor, Natursteine, venezianische Glaskuchen und Keramikplatten zu zerkleinern. Es gibt zwei Kombinationsmöglichkeiten: Hammer mit zusätzlicher Verstärkung aus Wolframcarbid und einem Dorn oder einen Hammer und einen mit Wolframcarbid verstärkten Dorn. Letzteres Paar eignet sich für die Zerteilung von sämtlichen Materialien. Ersteres ist geeignet für diejenigen, die hauptsächlich mit Glas arbeiten.

Der Dorn ist gegen unten zugespitzt und hat auf der Oberseite eine scharfe Schlagkante (siehe Abb. 34). Diese untere Spitze kann z. B. in einen Holzpflock eingesetzt werden. Der Holzpflock kann zusätzlich mit einem Metallband, wie es bei professionellen Mosaikgestaltern üblich ist, verstärkt werden. Ein altes Metzgerhackbrett eignet sich z. B. auch sehr gut.

Man nimmt ein größeres Stück und hält es zwischen Daumen und Zeigefinger, legt es mit der flacheren Seite auf den Dorn und schlägt mit dem Hammer senkrecht auf das Material, genau auf die Kante des Dorns (Abb. 33). Der Schlag sollte nicht

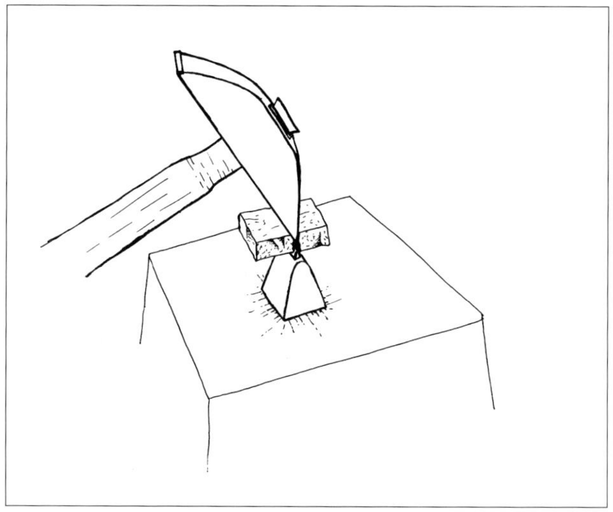

33

33
Mit Hammer und Dorn wird ein Stein zerkleinert.

auf die ganze Fläche fallen, sondern nur die Kante treffen. Die Stücke werden so Schlag um Schlag in die gewünschte Größe zerkleinert. Ein großes Stück wird in die Hälfte geschlagen. Die entstandene Hälfte wird wiederum in die Hälfte geteilt usw.

Professionelle Mosaikgestalter bedienen sich einer kleineren Handmaschine für Mosaiksteine.

Hat man bereits kleinere Smalten, Keramik oder Marmorteile, so können diese sehr gut mit einer Mosaikzange zerkleinert und in die gewünschte Form geschnitten werden (Abb. 35).

34

34
1 Hammer mit flachen Schlagseiten
2 Traditioneller Hammer für Mosaik
3 Dorn
4 Dorn verstärkt mit Wolframcarbid in einen Holzpflock eingesetzt
5 Hammer mit Wolframcarbid verstärkt
6 Zange für die Zuschneidung von Glas
7 Zange mit Auffangbeutel für die Verkleinerung von Glas
8 Schneidezange
9 Mosaikzange für Smalten, Glasmosaik und Keramik
10 Keramikschneidezange
11 Glasbrechzange
12 Glasschneider, Glasritzer
13 Metallmaßstange
14 Professionelle Mosaikschneidemaschine

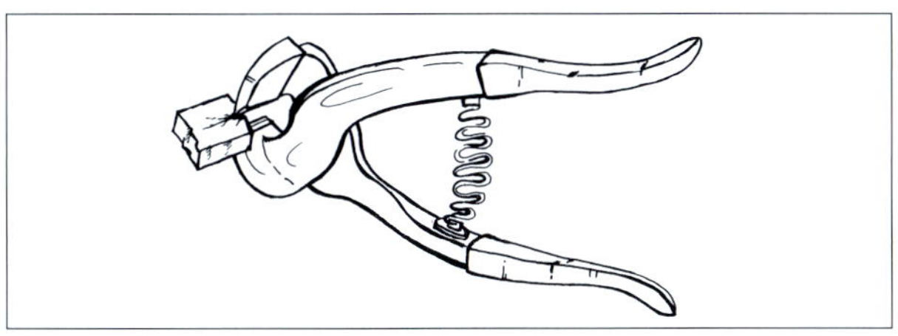

35

35
Mosaikzange.

Für das Zuschneiden von Keramikfliesen eignet sich die Mosaikzange. Je nachdem wieviel gearbeitet wird, lohnt sich die Anschaffung eines professionellen Schneiders. Für gelegentliches Arbeiten reicht auch die Keramikschneidezange.

Tiffany-Glas und selbergemachte Mosaiksteine aus Fensterglas können mit einem Glasschneider und mit Hilfe des Metallmaßstabes in die entsprechende Form und Größe gebracht werden. Neu gibt es nun auch die praktische Glasschneidezange mit Auffangbeutel, in den die geschnittenen Teilchen schön hineinfallen.

Altes Geschirr oder Keramikfliesen können mittels Hammer in unregelmäßige Stücke gehauen werden. Es empfiehlt sich, die größeren Teile in einen Stoffsack zu legen und dann erst mit dem

36

36
1 Gummihandschuhe
2 Augenschutzbrille
3 Pinzette
4 Schere
5 Plastikbecken
6 Behälter
7 Zahnspachtel
8 Fugengummi
9 Sandpapier
10 Stahlbürste
11 Pinsel
12 Schwamm
13-18 verschiedene Spachtel
19 Winkelschleifmaschine

Hammer zuzuschlagen. Die zerteilten unregelmäßigen Stücke bleiben im Sack und verlieren sich so nicht überall im Raum. Eine weitere Möglichkeit ist das Zerschlagen an Ort und Stelle. Man setzt eine Keramikplatte in den bereits aufgetragenen Mörtel, legt Zeitungspapier darauf und schlägt mit dem Hammer auf die Platte. So erhält man die zerteilten Stücke bereits im Mörtel eingesetzt und das eine Stück passt genau zum andern. Diese Technik wandten z. B. die Mosaikleute im «Parco dei Tarocchi» von Niki de Saint Phalle in Garavicchio an.

Weiter braucht es größere und kleinere Spachtel, Zahnspachtel, Plastikbecken, um den Mörtel zu mischen, Behälter, um die verschiedenen Mosaiksteine nach Größe und Farbe zu ordnen, Schwämme, Gummihandschuhe, ein fusselfreies Tuch. Eine Mundschutzmaske und eine Augenschutzbrille sind empfehlenswert. Vor allem wenn mit Glassteinen gearbeitet wird, sollte die Schutzbrille getragen werden, um zu verhindern, dass Splitter in die Augen geraten.

37

38

Entwerfen

Mosaik legen ist eine eigene Kunst. Ein Entwurf kann wohl gemacht werden, aber die Ausführung in Mosaik verändert die Vorzeichnung. Bei einem Plan sollten nur die Umrisslinien gezeichnet werden, keine kleinen Details. Ein figürliches Motiv muss möglichst stilisiert werden.

Ein genaues Zeichnen und Kopieren wird nur angewandt für die Reproduktion von antiken Motiven. Ein sogenannter Karton wird auf den Stein genau erstellt, wie das nachfolgende Beispiel zeigt, welches die biblische Szene der Brot- und Fischvermehrung darstellt. Das Original befindet sich in Israel, in der Brot- und Fischvermehrungskirche, Mitte 5. Jh. n. Chr. (Abb. 37, 38).

In allen anderen Fällen ist es nutzlos, Lagen, Fugen, Größen und Farbtöne der Steine einzutragen, denn schon der erste gesetzte Stein beschreitet einen eigenen Weg. Stein um Stein wird gesetzt und eine eigene Dynamik fängt an zu leben. Der zweite muss zum ersten passen, der dritte zum zweiten und so weiter. In diesem Sinne erweist sich das Projekt als elastische Basis, die das Abenteuer des langsamen Entstehens eines einzigartigen Mosaikwerks zulässt. Die dynamische Linie, die belebte Fläche, die Farbkontraste und das spielerische Setzen der einzelnen Elemente sind wichtig. Das nachfolgende Kapitel über Legetechnik gibt dazu einige Hinweise.

Bei der Reproduktion eines Motivs auf provisorischem Mörtel, wie im Beispiel des Salontischs auf Seite 71, erfolgt das Durchpausen des Kartons mit Durchpausepapier und Tinte. Bei der direkten Arbeitsweise kann das vorskizzierte Motiv mittels Kohlepapier auf die Unterlage durchgepaust werden. Das Motiv kann wie in der Freskomalerei mit einem Tampon auf den Mörtel gezeichnet werden oder die Motivlinien können in den Mörtel eingeritzt werden (siehe die Arbeitstechnik beim Badezimmerspiegel in Venedig, Seite 79).

Für ein erstes Mosaik als Anfänger/in ist auf jeden Fall ein einfaches Motiv empfehlenswert. So beginnt ein Bildaufbau schon in der Flächeneinteilung. Bereits hier ist wichtig, dass eine Fläche nicht z. B. in vier regelmäßige Vierecke aufgeteilt wird,

37
Karton, genaue Zeichnung des antiken Mosaiks.

38
Nach dem Karton ausgeführte Kopie des antiken Mosaiks.

sondern in unregelmäßige, um Spannung zu erzeugen. Das Hauptmotiv und der Hintergrund müssen in einem ausgewogenen Verhältnis stehen. Gut eignen sich geometrische Motive wie z.B. die nachfolgenden Bordürenmuster.

Eine weitere gute Startmöglichkeit ist ein spontanes Mosaik mit Fliesenscherben. Hier ist wichtig, dass zusammenpassende Farben und/oder Farbnuancen von einer Farbe ausgewählt werden. Augusto Giacometti schrieb in seinem Werk «Die Farbe und ich» (Zürich 1934): «Wenn ich sage gelb und blau, ... meine ich als Maler natürlich 20 Nuancen gelb und 20 Nuancen blau.» Im Mosaik haben wir meist nicht so viele Farbabstufungen zur Verfügung. Mischen können wir in der Mosaikkunst auch nicht. Aber wir können einige verschiedene Farbtöne nehmen und einzelne kontrastierende Farbsteine in eine gesamthaft gesehen einfarbige Fläche setzen. So kann mit Komplementärfarben gespielt werden: zu rot setzen wir grün, zu blau gelb und zu violett orange. Bei der Farbauswahl ist darauf zu achten, dass Kontraste entstehen.

«So könnte Goethes Rezept zur Erzeugung harmonischer Farbkombination lauten: Gehen Sie von der Farbe aus, die für die Bildaussage am wesentlichsten ist. Setzen Sie die dazugehörige Gegenfarbe in Konkurrenz und lassen Sie das Farbpaar übers Kreuz wie ein Echo oder sachte wie ein Geflüster mitschwingen.» (Aus «Stein um Stein», von Walter Läuppi, Verlag Paul Haupt, Bern, 1960, Seite 40)

Die Farben sind ausgewählt, die einzelnen Stücke liegen bereit und nun kann spontan gearbeitet werden. Auch ohne Motiv können Sie sich nun führen lassen und spontan ohne große Überlegungen frei arbeiten. Passen die Farben zusammen, dann kann eigentlich nichts schiefgehen. Die byzantinischen Mosaikgestalter waren große Farbkünstler. In einen blauen Hintergrund mit vielen Blautönen setzten sie orange, gelbe und goldene Smalten, um Licht und Schatten, Hell und Dunkel noch mehr zu beleben. In dem Beispiel des Wandmosaiks in der Bank Bär, auf Seite 89, kann diese alte Technik modern interpretiert beobachtet werden.

Fortgeschrittene können sich bereits an ein komplexeres Motiv wagen, wobei die Komplementärharmonien immer in einen farbigen Aufbau gehören. In den nachfolgenden Bordüren ist ein griechischer Mäander zu sehen, in welchem die Farbkontraste die Perspektive betonen. Monochrome Mosaikflächen können auch sehr interessant wirken, wenn mit der Legetechnik der einzelnen Steine variiert wird.

Zur Erzielung verschiedener Effekte können die einzelnen Steine auch schräg nach unten, nach oben oder gerade in den Mörtel gesetzt werden. Auch diese Technik gibt Leben in das Mosaik, kann aber nur im direkten Verfahren angewendet werden und eignet sich nur für Mosaikbilder, nicht aber für Fußböden, da die Oberfläche nicht mehr glatt ist.

Abwechslung in einer Bildgestaltung wirkt spannend. So kann mit Gegensätzen wie senkrechten und waagrechten Linien, kleinen und großen Motiven, leeren und gefüllten Flächen gespielt werden. Man sollte nicht zu viele Details in ein Bild hineinbringen wollen. Es ist viel besser, man lässt ein Motiv auf einem einfachen Hintergrund wirken.

Interessant wirkt auch die Kombination von verschiedenen Materialien wie Naturstein und Glasmosaik oder Marmor und Fliesen usw.

39

40

41

39
Mäander in zwei Farben.

40
Mäander in vier Farben.

41
Dreidimensional wirkender Mäander «La Greca» aus dem Mausoleum der Galla Placidia.

42
Römischer schwarz-weißer Fußboden mit Bordüren in der römischen Villa in Russi bei Ravenna.

Bordüren und geometrische Muster

Die Beispiele zeigen eine Auswahl der häufigsten Bordüren, welche bei den antiken Mosaiken den Abschluss bilden (Abb. 39, 40, 42). Diese Ziermotive und das zugrunde liegende Bedürfnis, die verschiedenen Mosaikbilder einzurahmen, entstammen der Teppichkunst des Orients. Dort wurden und werden die Teppiche immer mit einer Bordüre eingerahmt. Die Fußbodenmosaiken in den römischen Villen ersetzten die Teppiche. In Pompeji ist in jedem Atrium ein wunderschöner Mosaikteppich zu sehen. In den Wandmosaiken der byzantinischen Kunst in Ravenna sehen wir die orientalischen Bordüren und stilisierten Blumenmuster z. B. auch in den Kleidern des Kaiserpaares Justinian I. und Theodora I. und deren Gefolge in der Kirche San Vitale.

42

43
Setzmöglichkeiten der Tesserae (schräg, angewinkelt und gerade).

Die berühmte Bordüre «La Greca» in dem Mausoleum der Galla Placidia zeigt, wie mit Farben ein Muster plastisch gestaltet werden kann (Abb. 41). Der geometrische schwarz-weiß Stil für Mosaiken war bei den Römern nach dem hellenistischen Stil sehr beliebt. In Pompeji ist das berühmte Mosaik «Cave Canem» zu bewundern (siehe Abb. 53, Seite 43). Typische, zu jener Zeit angewandte geometrische schwarz-weiße Bordüren und Mosaikböden sind in der römischen Villa in Russi, in der Nähe von Ravenna zu sehen (Abb. 42).

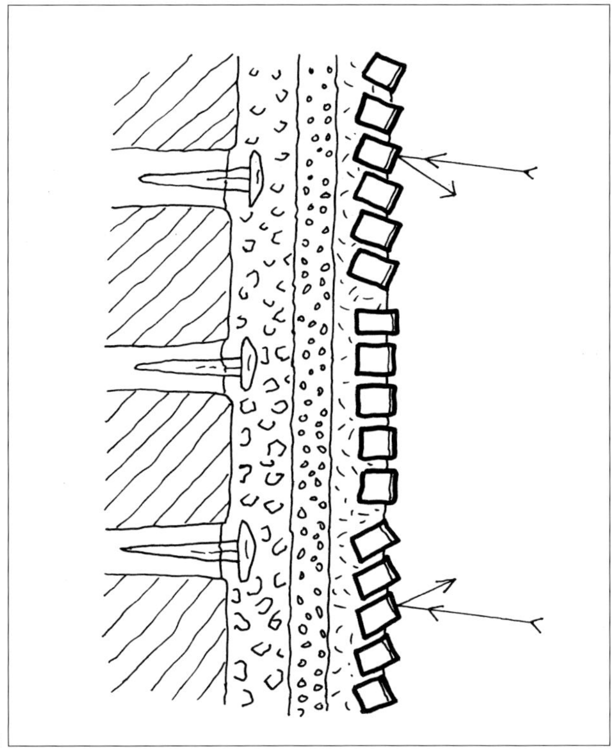
43

Legetechnik

Im Einlegen der einzelnen Mosaiksteine liegt die eigentliche antike Kunst des Mosaiks. Es kommt darauf an, wie das Material und die Farbe des Steins zur Wirkung kommen. Ein Stein bildet jeweils mit dem anderen Stein einen Rhythmus, zusammen geben sie die Richtung der Linie an und bilden eine Dynamik, die nur aus der ganz persönlichen Handarbeit entstehen kann. Wie tief die einzelnen Tesserae in den Mörtel gebettet werden, ob und wie hoch die Fugen zwischen ihnen gefüllt werden, hängt vom Zweck und Stil ab. Bei Fußböden oder Wänden, welche dem Wetter und dem Schmutz ausgesetzt sind, ist eine möglichst ebene Fläche empfehlenswert.

Beim direkten Verfahren, das heißt Mörtel wird aufgetragen und die Tesserae werden direkt eingesetzt, empfiehlt es sich, von innen gegen außen zu arbeiten. Umgekehrt riskiert man, dass das in den Mörtel gesetzte Mosaik mehr Platz braucht, als einberechnet wurde, und schließlich zu wenig Raum für das Bild in der Mitte bleibt. Werden Steine tief eingedrückt, besteht die Gefahr, dass zuviel Zement an den Rändern heraufquillt und gesetzte Steinchen versinken lässt. Um dies zu verhindern, kann mit der Spachtelspitze vor dem Setzen des Steinchens ein wenig Mörtel herausgenommen werden. Dies geschieht vorwiegend, wenn mit kleinen Tesserae ein komplizierteres Motiv erarbeitet wird. Dazu ist zu ergänzen, dass der Mörtel nicht zu dünnflüssig sein darf. Steine können tiefer in den Zement eingedrückt werden oder weniger tief, sie können größer oder kleiner sein, schräg, angewinkelt oder gerade liegen. Diese Möglichkeiten wurden in den byzantinischen Wandmosaiken angewandt, um neben Material und Farben auch Licht- und Schattenspiel wirken zu lassen. Das Schema in Abb. 43 zeigt eine solche Disposition der einzelnen Mosaiksteine.

Das Legen von Formen wie Dreieck und Kurven

■ In der Abb. 44 sehen Sie das Legen einer Kurve. Es empfiehlt sich, die Linie vorzuzeichen und anschließend die bereits zugeschnittenen einzelnen Mosaiksteinchen in die Hand zu nehmen und der Linie folgend einzusetzen. Wichtig ist, dass die Mosaiksteine nicht einmal da und einmal dort eingesetzt werden, sondern dass sie linienmäßig gelegt werden. So wird in Abb. 45 zuerst die kurvige Linie gesetzt, und anschließend folgen die restlichen Mosaiksteine der bereits gesetzten Linie, umrahmen diese oder passen sich der Form an.

■ Im nächsten Legebeispiel sehen wir, wie ein Dreieck im Baukastensystem einfach gelegt werden kann, und eine weitere Zeichnung zeigt, wie sich der Hintergrund in dieser Legeart ebenfalls im Baukastensystem legen lässt. Hier kann direkt in horizontalen Linien gearbeitet werden (Abb. 46, 47).

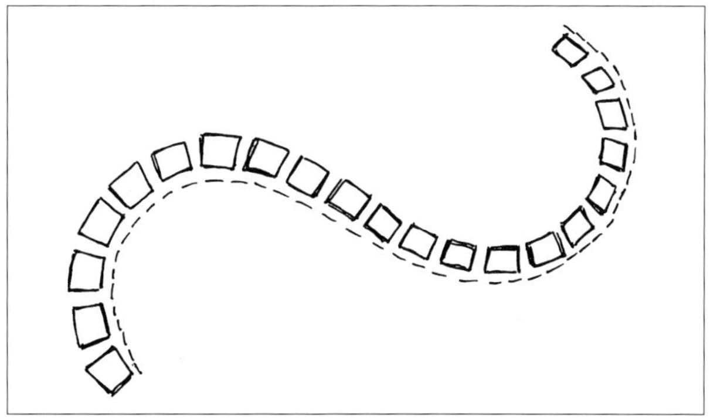
44

45

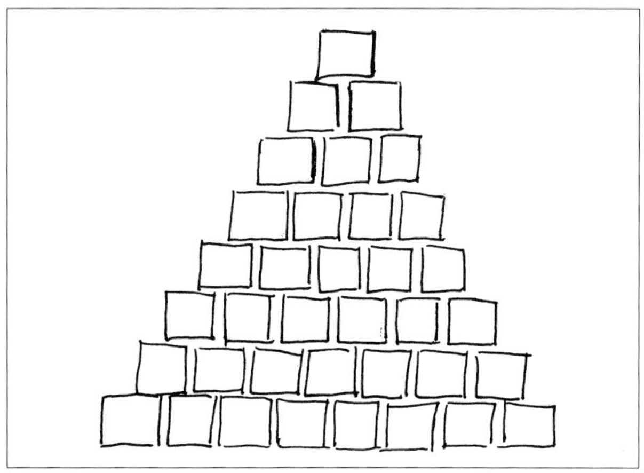
46

47

44
Kurve.

45
Bogen mit Hintergrund im Opus vermiculatum.

46
Dreieck im Baukastensystem.

47
Dreieck mit Hintergrund.

48
Dreieck mit Schrägkanten.

49
Dreieck im Opus vermiculatum mit Hintergrund.

50
Schablone mit Motiv aus Delos.

Das nächste Dreieckbeispiel zeigt, wie eine saubere schräge Kante erhalten werden kann. Zu den Würfelmosaiksteinchen werden die dreieckig zugeschnittenen Steinchen gesetzt (Abb. 48).

48

Die andere Variante zeigt, wie zuerst das Dreieck von innen nach außen mit kleineren Mosaiksteinchen im «Opus vermiculatum» (Würmchenform) gelegt wird und anschließend, wie Abb. 49 zeigt, die Umrisslinien gelegt werden. Schließlich wird der Hintergrund horizontal gelegt. Diese Technik kann in den römischen Mosaiken beobachtet werden. Dort sind die Mosaikfiguren in der Regel zuerst mit zwei Umrisslinien des Hintergrundmosaiks eingerahmt, erst dann gehen die Mosaiksteine in eine horizontale Flächenausfüllung über.

49

Natursteinmosaik

Bei Natursteinmosaiken wird manchmal, wie es die Kieselsteinmosaiken zum Beispiel in Pella, Griechenland, zeigen, zuerst die Grundform mit Blei- oder gebrannten Tonstäben gelegt, anschließend werden die Formen und der Umriss mit den Steinen ausgefüllt (vgl. S. 12).

Von der griechischen Insel Delos stammt die abgebildete Schablone für ein Ziermotiv, welches oft Anwendung fand. Dies zeigt, wie bereits in der Antike rationell gearbeitet wurde (Abb. 50). Ein

50

Ausschnitt aus dem Mosaikboden zeigt eine mit dieser Schablone ausgeführte Bordüre mit kleineren Steinchen, kombiniert mit einem Muster aus größeren Kieselsteinen (Abb. 51).

51

■ Die Abbildung eines Ausschnitts aus einem Wandmosaik, welches mit Smalten gearbeitet ist, zeigt die Legeart, die in der Fachsprache als «Opus musivum» bezeichnet wird. Dabei werden die Tesserae im direkten Verfahren in den Mörtel gesetzt und können schräg, gerade oder angewinkelt eingelegt werden, um das bereits erwähnte Licht- und Schattenspiel wirken zu lassen (Abb. 52).

52

■ Das «Opus reticulatum» besteht aus quadratischen Steinen, welche in schrägen Linien gesetzt sind. Abb. 53 zeigt einen Ausschnitt aus dem berühmten Fußbodenmosaik aus Pompeji, welches die Warnung vor dem Hund «Cave Canem» darstellt. Dieses römische Mosaik ist nur in schwarz und weiß gelegt. Die Figur ist im Opus vermiculatum und der weiße Hintergrund im Opus reticulatum mit Unterbrechung von größeren, in regelmäßigen Abständen eingesetzten schwarzen rhombenförmigen Steinen (sogenannten Croustae)

53

51
Natursteinmosaikboden mit Bordüre aus Delos, Griechenland.

52
Ausschnitt aus dem Wandmosaik in Mirabilandia, Ravenna.

53
Fußbodenmosaik aus Pompeji «Cave Canem» (Warnung vor dem Hund), 1. Jh. n. Chr.

gelegt. Ursprünglich nannte Vitruv die Legeart, in welcher quadratische Steine schräg oder vertikal aufeinandergelegt wurden, «Opus reticulatum». Zu beobachten ist diese Technik vor allem in den römischen Mauerwerken aus der Zeit um 60 v. Chr., heute noch zu sehen in Roselle bei Grosseto in Italien.

■ Für die Legeart des «Opus scutulatum» werden, wie es die Abbildung des Fußbodenausschnitts aus Delos zeigt, rautenförmige Steine angewendet (Abb. 54).

54

■ In eine Mörtelschicht, gemischt aus Steinresten, zerstoßenen Ziegeln und vulkanischer Pozzulan-Erde (Coccio pesto) werden einzelne Tesserae in größeren Abständen eingesetzt (Opus signium). Die Tesserae sind meist weiß oder schwarz (Abb. 55). Ähnlich ist die Technik des venezianischen Fußbodens und des Terrazzo (vgl. S. 92).

55

■ Die hier abgebildete Legeart zeigt unregelmäßige, farbige Steine in größeren Abständen auf einem Hintergrund aus rechteckigen unregelmäßigen, weißen Marmorsteinen. In der Fachsprache nennt man dieses Beispiel farbiges «Opus scutulatum» auf einem Grund aus einfarbigem «Opus segmentatum» (Abb. 56).

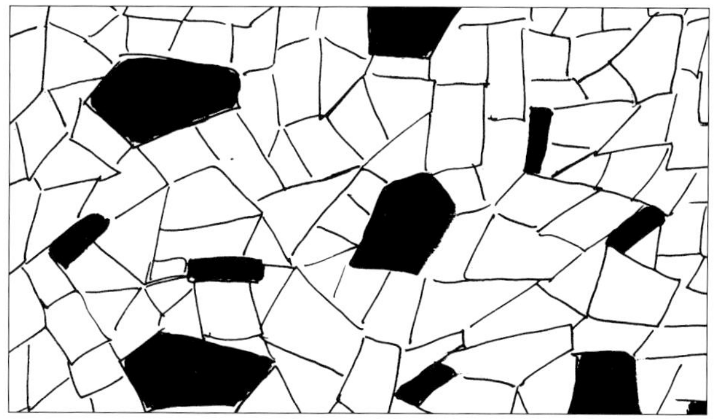

56

56
Opus segmentatum.

■ Unregelmäßiges Streumuster aus rautenförmigen, abwechselnd stehenden und liegenden Croustae auf «Opus tesselatum» (Abb. 57).

57

57
Unregelmäßiges Streumuster, Croustae mit Opus tesselatum.

■ Unregelmäßiges Fliesenmosaik, «Opus incertum» genannt nach dem antiken unregelmäßigen Mosaik, kombiniert mit «Opus tesselatum» (regelmäßiges Mosaik) (Abb. 58).

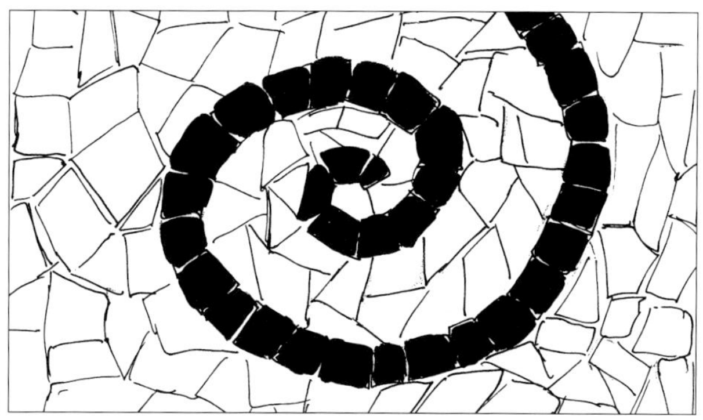

58

58
Opus incertum kombiniert mit Opus tesselatum.

■ Die folgenden zwei Beispiele zeigen, wie in einem einfarbigen Hintergrund Spannung erzeugt werden kann. Das erste Muster, welches an einen groben Webstoff erinnert, wird «Opus pseudofiglinum» genannt. Es besteht aus gleich großen, einfarbigen länglichen Steinen. Je zwei Steine werden horizontal gelegt und je zwei vertikal und so fort (Abb. 59).

59

59
Opus pseudofiglium.

60
Opus tesselatum mit parallelen Bändern.

61
Fußbodenmosaik in Granada, Spanien.

62
Fußbodenmosaik aus dem Jahr 1213 in der Kirche S. Giovanni Evangelista in Ravenna.

63
Schatzkiste mit Echse aus Glasmosaik von Angela Molina. Das Besondere ist die Legetechnik des Schuppenkleides, bei dem die nach oben zugespitzten Tesserae schräg gestellt eingesetzt wurden.

64
Ausschnitt aus dem Fußboden des Platzes «La Glorieta» von Louis Morera, Insel La Palma, Kanarische Inseln, Spanien.

■ Einfarbiges regelmäßiges Würfelmosaik, genannt «Opus tesselatum», mit parallelen Bändern, deren Würfelreihen senkrecht zu den Bändern stehen (Abb. 60).

60

■ Fischgratmuster wird «Opus spicatum» genannt, die Steine, oft Natursteine, werden längs und quer einer Mittellinie folgend, ähnlich Fischgräten, gelegt. Die Fotografie zeigt ein Beispiel aus einem Fußbodenmosaik in Granada, Spanien (Abb. 61).

61

■ Legetechnik eines Fußbodenmosaiks aus dem Jahr 1213. Dieses Mosaik scheint auf den ersten Blick ohne große Legeordnung gemacht worden zu sein. Die Formen sind aber künstlerisch vereinfacht worden und sehr wirkungsvoll. Um Klarheit zu erzielen, wurde die Umrisslinie der Figur mit dunklen Steinen gelegt. Das ganze Mosaik wirkt freier, weniger präzis als die römischen Mosaiken. Und trotzdem ist es sehr genau gearbeitet, für unsere Augen wirkt diese Legeart moderner (Abb. 62).

62

■ Schuppenartig gelegte Mosaiksteine, zur Darstellung von Gefieder oder Schuppen. Die Glasmosaiksteine werden etwas überdeckend schief gesetzt (Abb. 63).

63

■ Modernes Mosaik, eigentlich formfreie Steine (Abb. 64).

64

MOSAIK-ARBEITEN

Von einfachen Projekten bis zu anspruchsvollen Wandmosaiken

DIREKTE METHODE MIT AUSFUGEN

In diesem zweiten Teil geht es um das praktische Arbeiten. Die Technik wird zuerst an einfachen Projekten wie Blumentöpfen und Fotorahmen gezeigt. Es folgen schrittweise komplexere Arbeiten bis schließlich anspruchsvolle große Wand- und Fußbodenmosaiken vorgestellt werden. Die einfacheren Arbeiten können auch mit Kindern ab etwa 7 Jahren durchgeführt werden. Ein Ausblick auf die Arbeiten von verschiedenen Mosaikkünstlern rundet das Buch ab.

Vorhergehende Doppelseite Ausschnitt Baummosaik.

Blumentöpfe

Der Blumentopf ganz links (Abb. 66) ist eine bereits glasierte Vase. Keramikfliesen in gleicher Dicke wurden mittels Hammer und Zange in unregelmäßige Stücke geschlagen und mit Heißleim direkt auf die Vase geklebt. Nach Beendigung des Klebevorgangs wurde als Fugenmörtel Tuffsteinmörtel (kann fertig gekauft werden) gemischt mit Sand im Verhältnis 3:1 angewandt. Die fertige Vase wurde mit Kunstharzlack besprüht, um sie zu imprägnieren.

Auf der Zeichnung ist der Vorgang des Klebens dargestellt (Abb. 65). Teil um Teil wird angeklebt. Ist der Blumentopf ganz beklebt, wird der fertig gekaufte Fliesenkleber mit Wasser gemischt und mit einem Spachtel aufgetragen. Der Mörtel darf nicht zu dick und nicht zu dünn sein, er muss gut in die Fugen gestrichen werden. Das ganze Mosaik

65

**65 Schrittweises Vorgehen für die Blumentopfmosaiken von links nach rechts.
1 Vase
2 Klebstoff
3 Ganze Fliesen und zerkleinerte Fliesen.
4 Halbfertiger Topf. Der Klebstoff wird etappenweise aufgetragen und die Fliesen entsprechend eingesetzt.
5 Zementfliesenkleber und Farbpigment werden mit Wasser gemischt.
6 Der fertig geklebte Topf wird ausgefugt.**

wird mit dem Mörtel bedeckt, also auch die Fliesenstücke. Nicht zu viel auftragen, da der Mörtel am Schluss nur in den Fugen bleiben soll. Sobald das ganze Mosaik bedeckt ist, kann mit Schwamm und Wasser der überschüssige Mörtel abgewaschen werden. Mit dem nassen Schwamm wird der Mörtel vorsichtig von den Fliesen weggenommen, aber nicht aus den Fugen. Es darf also mit dem Schwamm nur getupft werden, um zu vermeiden, dass der Mörtel wieder ausgewaschen wird. Möglich ist auch, das mit dem Fliesenkleber bedeckte Mosaik etwa 1 Stunde trocknen zu lassen und erst dann den überschüssigen Mörtel mit dem Schwamm abzuwaschen. Der Vorteil liegt darin, dass der Fliesenkleber bereits angetrocknet ist und Überschüssiges abgewischt werden kann und nicht vorsichtig abgetupft werden muss. Achtung! Nicht länger trocknen lassen, da der Zement zu hart werden könnte. Nach dem vollständigen Trocknen des gereinigten Mosaiks kann das Mosaik mit einem fuselfreien Tuch nachgeputzt werden. Zementschleier können mit Putzessig, Javelwasser oder speziellem Zementschleierentferner entfernt werden.

Der mittlere Blumentopf besteht aus einem gewöhnlichen Ton-Blumentopf und wurde mit unterschiedlich großen Keramikscherben in verschiedener Dicke gestaltet. Der Blumentopf muss vorher gewaschen werden und etwa 1 Woche an der Luft getrocknet werden, um einen besseren Halt des später aufgetragenen Mörtels zu garantieren. Zuerst wird eine etwa 3 mm dicke Schicht Zementfliesenkleber aufgetragen, dann werden die zerkleinerten Fliesen Stück um Stück eingesetzt. Mittels Zange wurden die Fliesen in die kleineren Stücke zerteilt und direkt auf den Tontopf geklebt. Die Keramikfliesen sollten immer vor dem Bereitmachen des Mörtels zerkleinert und nach Größe und Farbe geordnet werden. Anschließend wird das Keramikmosaik mit weißem Fugenmörtel (der Fugenmörtel, auch Fugenweiß genannt, kann in Pulverform fertig gekauft werden und muss nur mit Wasser angemacht werden) ausgefugt. Dieser Blumentopf ist wetterbeständig.

Der große Tontopf ganz rechts wurde ebenfalls mit Keramikfliesen bedeckt. In dieser Arbeit wird mit der Legetechnik abgewechselt. Unregelmäßige Fliesenstücke werden mit regelmäßigen würfelförmigen Fliesen kombiniert. Bei diesem Topf ist es empfehlenswert, zuerst eine Vorzeichnung zu machen. Die Fliesen werden mit dem Fliesenschneider zerkleinert. Wie beim vorhergehenden Topf wird auch hier eine Schicht Zementfliesenkleber aufgetra-

66
Drei fertige Blumentöpfe.

66

67

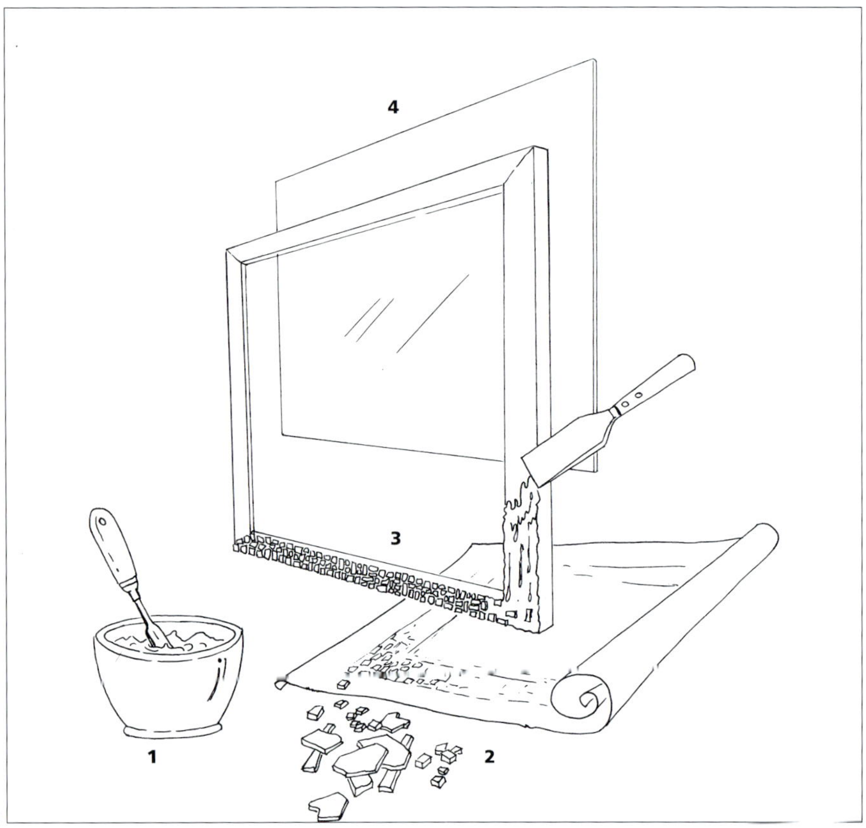

68

gen und nach Beendigung die Mosaikarbeit ausgefugt. Am Topfrand wird roter grobkörniger Vogelsand direkt in den Mörtel gesetzt. Die Fugen werden nachträglich mit Acrylfarbe im Farbton der Keramikfliesen bemalt.

Bei der Dekoration von Blumenvasen ist darauf zu achten, ob die Vase für Innen- oder Außenräume bestimmt ist. Die Fliesen müssen bereits entsprechend ausgewählt werden, da es wetterfeste und nicht wetterfeste Fliesen gibt. Der Klebstoff und der Mörtel müssen ebenfalls entsprechend gewählt werden. Für Tontöpfe, welche im Innenraum bleiben, kann mit Heißleim und mit Fugenmörtel gearbeitet werden. Bei Töpfen für den Außenbereich können die einzelnen Teile mit Fliesenpaste, Dichtungs-Silikon, Zementfliesenkleber oder Zweikomponentenkleber aufgeklebt und anschließend mit Zementfliesenkleber ausgefugt werden. Anstatt Keramikscherben können auch altes Geschirr, Muscheln, Steine und vieles mehr verwendet werden. Die Oberfläche braucht bei dieser Art von Objekten nicht unbedingt flach zu sein.

Fotorahmen

Auf einen fertig gekauften Holzrahmen, unlackiert und unbemalt, werden Keramikscherben mittels Fliesenkleber aufgeklebt. Anschließend mischt man Fugenmörtel mit Sand und fugt damit die Zwischenräume aus. Auf Plexiglasfotorahmen können Glassteine, Fliesenscherben, Muscheln oder Natursteine mit einem transparenten Glaskleber aufgeklebt werden. Diese Art Mosaik muss nicht ausgefugt werden. Es wirkt dadurch leichter. Wenn nachträglich nicht mehr ausgefugt wird, sollte möglichst sauber gearbeitet werden.

69

67
Fotorahmen.

68
Arbeitsschritte für das Mosaik auf dem Holzspiegelrahmen.
1 Fertiger Zementfliesenkleber.
2 Der Entwurf dient dazu, die ungefähre Größe der zu schneidenden Fliesen zu definieren.
3 Angefangenes Mosaik auf dem Holzrahmen und weiteres Auftragen des Zementfliesenklebers mit dem Spachtel. Es muss etappenweise gearbeitet werden, da sonst der Zement zu schnell trocknen würde und nicht mehr bearbeitet werden könnte.
4 Vorbereitetes Spiegelglas. Der Spiegel wird erst am Schluss eingeklebt.

69
Einfacher Holzspiegelrahmen mit Fliesenmosaik.

Auch viele andere Alltagsgegenstände können mit Mosaik eingekleidet werden, zum Beispiel ganze Gläser, die Deckel der Marmeladegläser, kleine Holzschächtelchen aus Sperrholz. Zur Zierde für den Mittagstisch können Serviettenringe, Kerzenständer bis zur Brot- oder Fruchtschale mit Mosaik verziert werden. Für den Wohnbereich können Kleiderbügel, kleinere Wandgarderoben, Wandsimse usw. mit Mosaik gestaltet werden.

Spiegelrahmen

Mit Sperrholz, etwa 1,5 cm dick, wird ein Rahmen gemacht. Das Holz sollte vor der Mosaikarbeit versiegelt werden. Der Zementfliesenmörtel wird mit einem Spachtel etwa 2 mm dick aufgetragen. Nicht zu viel auf einmal auftragen, nur so viel, wie sofort verarbeitet werden kann (Abb. 68). Das Mosaik wird aus Keramikscherben gelegt. Von Anfang an wählt man Farben, die miteinander harmonieren. Nach dem Zerkleinern werden die Stücke kaum geordnet, sondern das Mosaik wird spontan direkt in den Mörtel gesetzt.

Beim direkten Setzen der Fliesen in den bereits aufgetragenen Mörtel ist darauf zu achten, dass nicht zuviel Mörtel zwischen den einzelnen Teilen heraufquillt. Wenn es zuviel Mörtel hat, muss man mit der Spachtelspitze etwas herausnehmen, bevor das Keramiksteinchen eingesetzt wird.

Bei diesen größeren Arbeiten wird man oft nicht an einem Tag fertig. Man trägt jeweils nur soviel Mörtel auf, wie verarbeitet werden kann. Wird die Arbeit unterbrochen, ist es wichtig, den bereits aufgetragenen Mörtel wegzunehmen und darauf zu achten, dass das gelegte Mosaik einen geraden Abschluss hat. Je sauberer gearbeitet wird, desto einfacher kann an einem anderen Tag die

Arbeit wieder fortgesetzt werden. Vor der Wiederaufnahme des Mosaiklegens muss das bereits gesetzte Mosaik mit einem Schwamm befeuchtet werden, da sonst der trockene Mörtel die Feuchtigkeit des neu aufgetragenen Zements aufsaugt und dieser zu schnell trocknet.

Dekorationsstern

Auf einen Hartkartonstern werden Spiegelscherben und blaue Tiffanyglasresten, sowie zwei Perlen mit Heißleim geklebt (Abb. 70). Nach dem Trocknen fugt man mit dem bereits fertig erhältlichen, mit Wasser anzumachenden Fugenmörtel aus. Nach dem Reinigen der Mosaikarbeit von dem überschüssigen Mörtel folgt wiederum eine kurze Trocknungsphase, um schließlich die Zwischenräume mit Acrylfarbe bemalen zu können. Die Farbe auf den Steinen wird gleich wieder mit Hilfe eines Schwammes oder Tuches weggewaschen, sie soll ja nur in den Zwischenräumen bleiben und nicht auf dem Mosaik. Nach der gleichen Technik kann jede Form aus Polystyrol bearbeitet werden, zum Beispiel Kugeln, Geschenkschachteln oder Mond- und Sonnenformen.

70
Dekorationsstern aus Halbkarton mit Spiegelresten, blauem Tiffanyglas und zwei Glasperlen.

70

Mosaik auf Glas

Bei diesem Material arbeitet man nach der gleichen Technik. Nur wird hier das Mosaik direkt auf die Glasplatte geklebt. Man kann mit Heißleim, Weißleim oder mit einem Alleskleber arbeiten. Der Vorteil bei dieser Arbeit ist, dass man einen Entwurf – hier ein antikes Muster – unter das Glas legen und so das Motiv auf der Glasoberfläche genau ausführen kann. Die fertige Mosaikarbeit wird nach dem Trocknen mit eingefärbtem Fliesenkleber für den Innenbereich ausgefugt. Hier wird der Fliesenkleber bewusst über das Mosaik hinausführend auf das Glas gestrichen, um einen Fragmenteffekt zu erzielen (Abb. 71).

Kleine Schatzkiste

Eine alte Holzschachtel wird abgelaugt und präpariert, um neu dekoriert zu werden. Marmor- und Glassteine kommen zum Einsatz. Zuerst werden die Steine vorbereitet und das Motiv direkt auf den Holzdeckel der Kiste gezeichnet. Hier wird in zwei Techniken gearbeitet (Abb. 72). Die ganze Echse, mit Ausnahme des Schuppenkleides, wird mittels Holzleim oder PVA-Kleber aufgeklebt. Dieser Mosaikteil wird mit Fliesenkleber ausgefugt. Für das Schuppenkleid ist eine andere Legetechnik geeignet. Um die Schuppen zu imitieren, werden die Glassteine schräg gesetzt. Bei dieser Legetechnik muss der

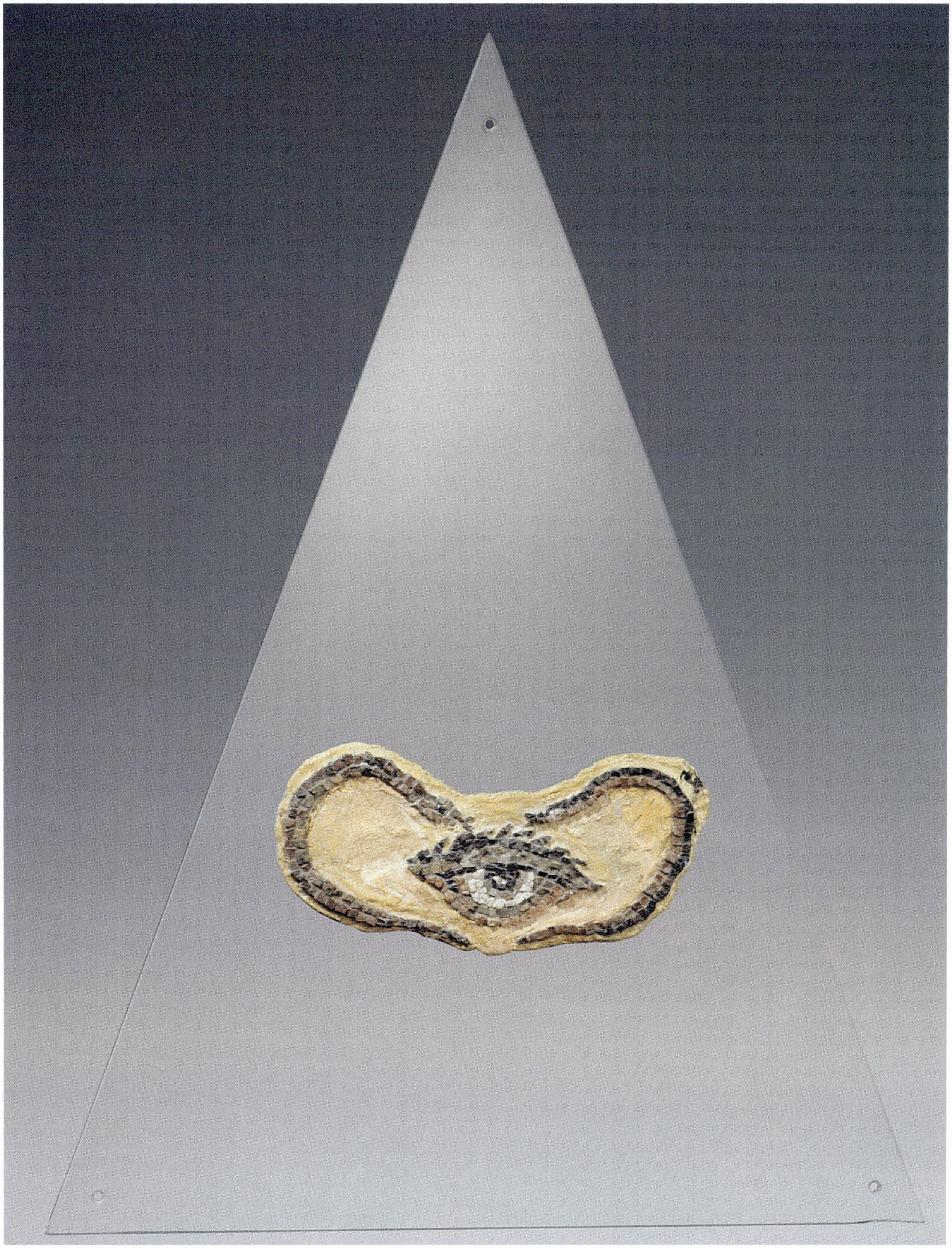

71

71
Mosaik auf Glas.

72
Schatzkiste mit Echse aus Glasmosaik.

72

Fliesenkleber zuerst auf die vorgesehene Holzfläche gestrichen werden und anschließend werden die länglichen, zugespitzten einzelnen Mosaikglassteine direkt in den Mörtel eingesetzt. Dieser Teil wird nachträglich nicht mehr ausgefugt. Der Hintergrund des Deckels sowie die ganze Kiste erhält zum Schluss einen Farbanstrich.

Tagebücher mit Astrologiezeichen

Die Smalten werden direkt auf den Buchdeckel geklebt. Es kann mit normalem Weißleim gearbeitet werden, nur muss die Arbeit vor dem Ausfugen 24 Stunden getrocknet werden. Mit Heißleim trocknet die Mosaikarbeit sofort. Das Buch wird mit Plastik abgedeckt, so dass nur die Mosaikfläche frei ist.

Wie bei den vorhergehenden Arbeiten wird nun mit Fliesenkleber ausgefugt. In diesen Beispielen wurde der Zement bewusst über das Mosaik hinausführend auf den Buckdeckel aufgetragen. Danach sind Zementfläche und Fugen mit Acrylfarbe bemalt worden (Abb. 73).

Ein alter Tisch bekommt ein neues Outfit

Als Material sind hier verschiedene Keramikreste von ungleicher Dicke verwendet worden. Das Problem ist dabei, wie man trotzdem eine ebene Oberfläche erhalten kann. Als erstes werden die dickeren Keramikscherben in der Mitte des Tisches nur mit PVA-Kleber auf die Holzplatte geklebt. Nach Beendigung dieses ersten Schrittes erhält die Fläche um

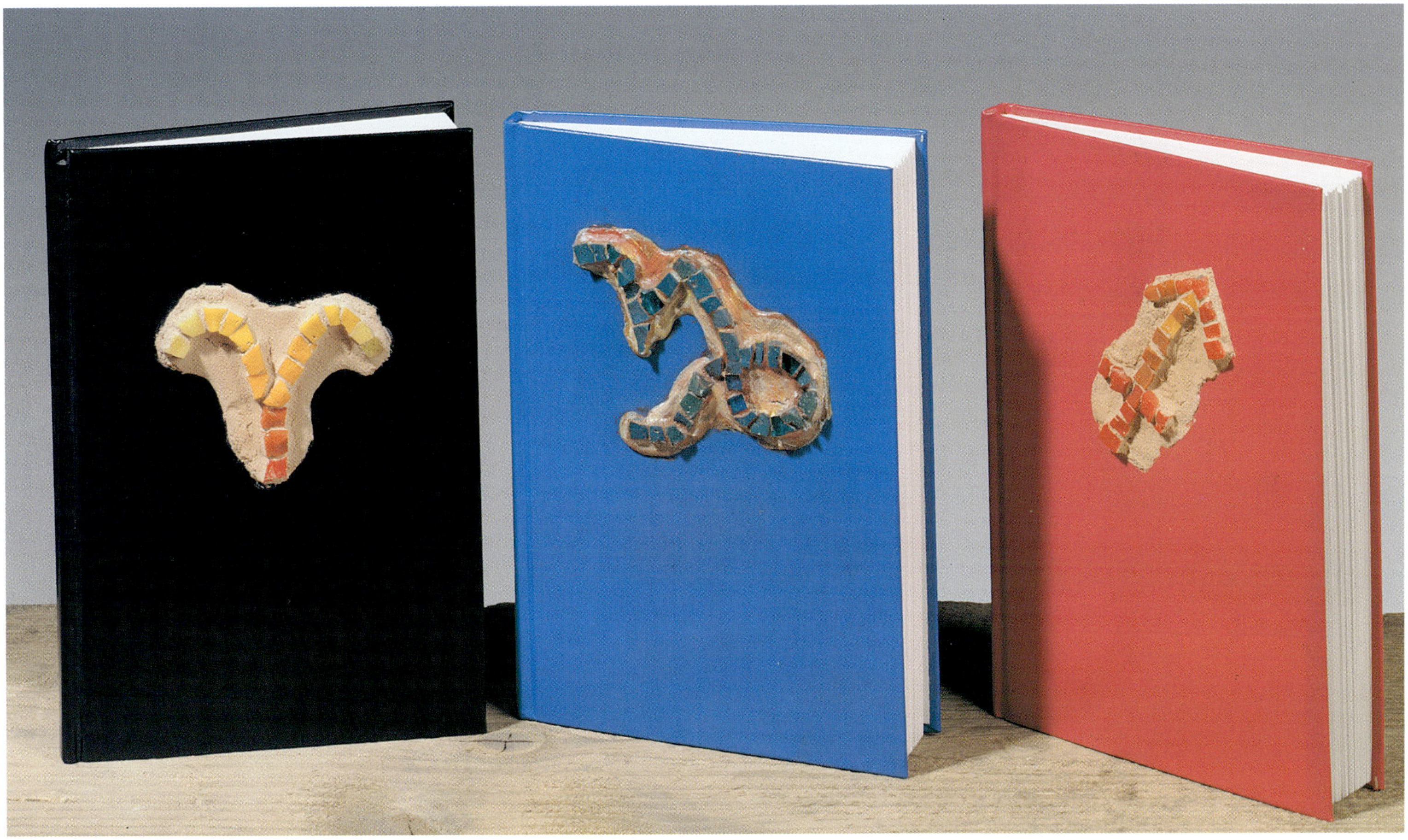

73

das bereits geklebte Mosaik herum eine 3 mm dicke Mörtelschicht. In den Mörtel werden nun die flacheren Keramikstücke eingedrückt. So kommen die flacheren Steine auf die gleiche Höhe zu liegen wie die dickeren (Abb. 74).

Damit die Keramikoberfläche schön flach bleibt, muss jeweils mit einem Holzbrett auf das ausgelegte Mosaik geschlagen werden. Unregelmäßigkeiten können so behoben werden. Hervorquellender Mörtel kann verhindert werden, indem man mit der Spachtelspitze ein wenig Mörtel herausnimmt und so ein Setzbett für das einzelne Keramikstück bildet. Nach Beendigung der Legearbeit wird das Mosaik mit weißem Fugenmörtel ausgefugt.

74

73
Tagebücher mit venezianischen Smalten und farbigem Fliesenkleber.

74
Alter Tisch in Bearbeitung.

75
Das fertige Mosaik wurde ausgefugt, der Tisch neu bemalt und ein Messingband bildet den Tischrand.

75

Der Tisch erhält nun eine neue, zum Mosaik passende Farbe. Als Abrundung wird hier ein Messingband um den Rand herum angenagelt. Ganz zum Schluss imprägniert man die Mosaikplatte mit einem speziellen Spray für poröse Oberflächen (es gibt verschiedene Produkte auf dem Markt).

Venezianische Masken

Die Gipsmasken stammen aus Venedig. Die Masken sind einfach zu verzieren, haben aber trotzdem eine große Wirkung. Die Masken werden mit venezianischen Glassteinen im einfachen Direktverfahren beklebt (Abb. 76). Mit einem Universalkleber oder mit Heißleim klebt man die zugeschnittenen Smalten auf die Gipsmaske.

Nach der beendeten Mosaikarbeit wird das Mosaik mit farbigem Fliesenkleber ausgefugt. Das Farbpigmentpulver mischt man während des Zubereitens unter die Mörtelmasse. Nach dem Ausfugen wird das Mosaik wie üblich gereinigt und zum Schluss wird die Fläche – ohne Mosaik – mit Acrylfarbe bemalt (Abb. 77).

76
Halbfertige Maske.

77
Fertige Masken.

DIREKTE METHODE OHNE AUSFUGEN

Im Unterschied zu der vorangegangen Methode mit Ausfugen wird hier die direkte Methode ohne Ausfugen beschrieben. Diese professionelle Mosaiktechnik wird heute zum Beispiel in den Mosaikateliers von Ravenna angewandt. Sie eignet sich sehr gut für spontanes freies Mosaiksetzen direkt in den Mörtel und für Fußbodenmosaiken.

78
Spiegelrahmen aus Gips auf Holz mit griechischem Mäander aus Industriemosaik.

78

■ Runder Spiegel

Bei diesem Projekt besteht der Rahmen aus Gips. Als Material für das Mosaik wird blaues und weißes Industriemosaik verwendet. Da der Gips sich mit dem traditionellen Mörtel gut verbindet, muss er nicht vorbehandelt werden. Der Mörtel wird aus weißem Zement mit Sumpfkalk und gesiebtem Flusssand im Verhältnis 2:1:1 gemischt und partiell aufgetragen. Die Mosaiksteine werden zuvor mit der Zange verkleinert und geordnet. In diesem Beispiel eines Mäanders wählt man aus Platzgründen kleinere Mosaikquadrate. Die verfügbare Fläche und das gewählte Motiv bestimmen die Größe der Mosaikquadrate. So werden hier am Außenrand größere und am Innenrand kleinere Mosaiksteine gesetzt. Dieses Abwechseln von Steinen unterschiedlicher Größe kann auch bewusst als Gestaltungsmittel eingesetzt werden. Das gesetzte Mosaik wird nicht mehr ausgefugt.

Zum Schluss klebt man den Gipsrahmen auf eine runde Holzplatte, und in die vorgesehene Fläche wird das Spiegelglas hineingeklebt.

■ Sechseckiger Spiegel

Für diesen Spiegel mit Marmor, Granit und Spiegelresten wird zuerst die sechseckige Form aus Eisen mit einem L-Profil hergestellt (Abb. 80). Für die Mosaikfläche wird Holz genommen, um eine Grundplatte zu haben, auf die der Mörtel aufgetragen werden kann. Dem Holz verleiht man zuerst mit Leim und Sand eine rauhe Oberfläche. Wenn alle Tesserae bereit sind, wird der Mörtel gemischt und partiell aufgetragen, etwa 6 mm dick. Das Projekt ist grob vorgezeichnet, wird dann aber ohne Durchpausen spontan eingesetzt. Auch in der byzantinischen Kunst kann man beobachten, dass die Formen nicht immer gleich sind und dass gerade diese Ungleich-heit eine eigene Dynamik entwickelt. Es ist reine Übungssache, wie sauber gearbeitet wird. Wichtig ist es, zu merken, wo zuviel Mörtel und wo zu wenig ist, um unnötiges Herausquellen des Mörtels und damit Verschmutzen des Mosaiks zu vermeiden. Bei der direkten Arbeitsweise können einzelne Steine erhöht oder leicht schräg eingesetzt werden (siehe Legetechnik S. 40). In diesem Mosaik sind die Spiegelstücke leicht angewinkelt gesetzt und reflektieren dadurch das Licht. In der Antike wurde diese Technik mit schräggestellten Gold- und Silbersmalten bewusst angewandt.

Ein weiterer Vorteil des Direktsetzens ist die Spontaneität, mit der das Mosaik gemacht werden kann. Das Mosaiklegen macht Spass, da schnell gearbeitet werden muss und das Mosaik nach Beendigung des Legens bereits fertig ist – mit Ausnahme der Reinigungsarbeiten. Natürlich braucht diese Technik etwas Übung, denn einmal gesetzte Steine sollten nicht mehr verändert werden, da die Spontaneität unterbrochen wird und der Schaden der Flickstellen sich beinahe nicht wieder gut machen lässt.

Auch hier wird das fertige Mosaik nicht mehr ausgefugt.

Der Badezimmerspiegel auf Seite 78 und 79 wurde ebenfalls direkt gearbeitet.

79

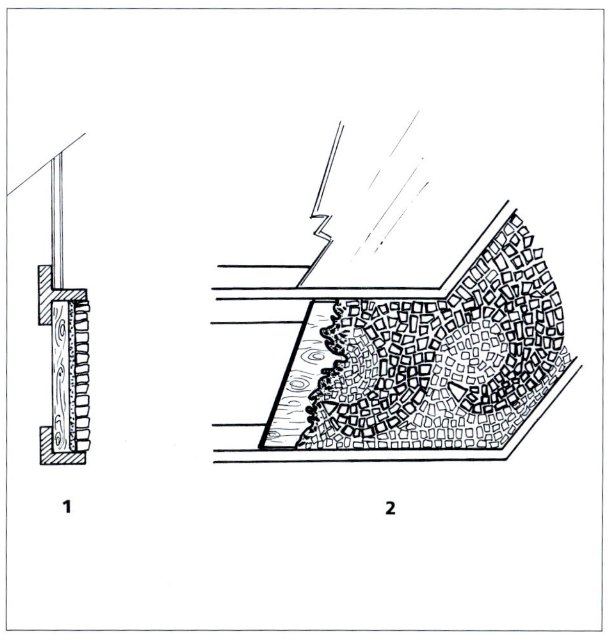

80

79
Sechseckiger Spiegel mit Eisenrahmen und Holzunterlage für das Mosaik aus Granit, Marmor und Spiegelresten.

80
1 Querschnitt durch den Spiegelrahmen.
2 Es zeigt die Konstruktion von Eisenrahmen, eingelegter Holzplatte, dem Mosaik und schließlich dem einzulegenden Spiegelglas.

81

81
Firmenschild. Die Basis besteht aus einer Aluwabenplatte mit Aluminiumrahmen. Die Ausführung entstand im direkten Verfahren wie beim sechseckigen Spiegel. Marmortesserae und Smalten wurden hier gemischt verwendet. Dieses Schild ist für den Außenbereich gemacht.

82

82
Dieses Firmenschild wurde in einem Holzrahmen gemacht und ist nur für den Innenbereich bestimmt.

Tischlampe

Die Mosaikarbeit dieser Tischlampe (Abb. 83) wird in gleicher Weise ausgeführt wie der eben beschriebene Spiegelrahmen. Der Unterschied besteht in der Realisierung eines Entwurfs und der Übertragung in Mosaik. Der Entwurf wird im Durchpauseverfahren (siehe Beschreibung auf Seite 71) auf den Zement übertragen. Die einzelnen Steine sind im Entwurf nicht eingezeichnet, sondern nur die Linien der Formen. Die Schwierigkeit bei dieser Arbeit liegt darin, dass die ganze Arbeit nicht auf einmal fertiggestellt werden kann. Das heißt, es muss partiell Zementgemisch aufgetragen und jeweils partiell durchgepaust werden. Bei einer Wiederaufnahme der Arbeit gelten die gleichen Regeln wie bereits auf Seite 53 beschrieben. Hier muss zusätzlich auch der bereits gedruckte Teil des Papiers befeuchtet werden, da das Pauspapier sich im Trockenzustand zusammenzieht. Mit dem feuchten Pauspapier muss man genau an die vorhergehende Zeichnung anknüpfen. Für die Mosaikarbeit gilt das gleiche Verfahren wie bei den vorgängigen Arbeiten.

83

83
Tischlampe. Eine Tonvase ist mit Mosaik aus Marmor im direkten Verfahren geschmückt worden.

Stehlampe

Die Stehlampe besteht aus Einzelteilen mit einer spiralförmigen Vertiefung. Diese Vertiefung wird mit einem Mosaik gefüllt (Abb. 84 und 86). Eingesetzt werden verschiedene grüne und blaue venezianische Mosaikglaskuchen und venezianisches Weißgold sowie eine Mörtelmischung aus weißem Zement, Kalk, Flusssand und grünem Farbpigment.

Mit Hammer und Dorn wird das Mosaikglas Schlag um Schlag zu kleinen Würfeln zerkleinert. Die Würfel werden einzig nach goldenen und farbi-

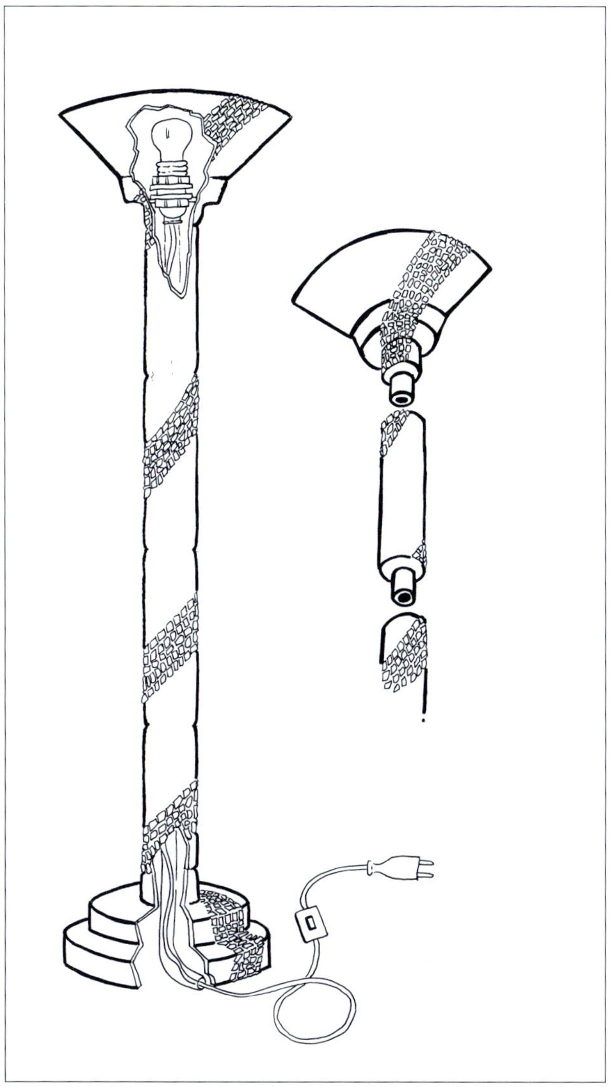

84

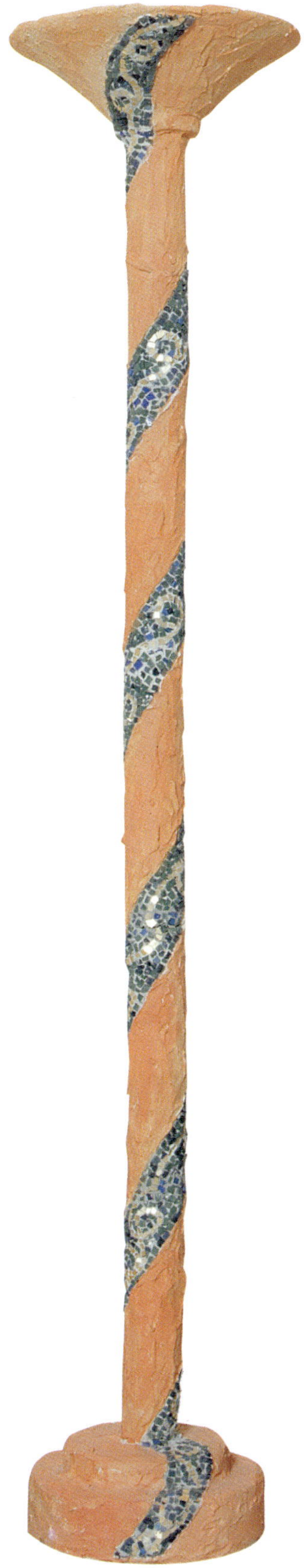

85

84
Konstruktion der Lampe.

85
Stehlampe, bestehend aus Einzelteilen.

86
Ein einzelnes Element mit Vertiefung für das Mosaik. Der Grund ist mit Sand präpariert, worauf die Zementmischung aufgetragen und das Mosaik eingesetzt wird.

86

gen Smalten geordnet. Das Muster ist im Entwurf vorgezeichnet, die Ausführung erfolgt aber spontan ohne Vorzeichnen und ohne Durchpausen im direkten Verfahren. Mit den goldenen Smalten wird die Spirale und mit den farbigen, grün und blau gemischt, der Hintergrund gesetzt. Beim spontanen Arbeiten wird eine Handvoll verschiedener Smalten genommen und ein Steinchen nach dem anderen eingesetzt, ohne dass man auf die Farbe achtet. Daher werden die verschiedenen Grün- und Blautöne bewusst von Anfang an miteinander gemischt. Die grünen Smalten sind in der Überzahl, da die Grundfarbe ein frisches Grün ergeben soll. Die blauen Smalten verhindern eine Monochromie. Da mit den Smalten nicht wie mit Farben gemalt werden kann, werden in einem einfachen Hintergrund andersfarbige, oft konträre Farben hineingesetzt, damit Flächen nicht monochrom wirken und interessante Spannungen enthalten. Von weitem gesehen ergeben diese Kontrastpunkte besondere Nuancen. Die Byzantiner waren große Farbkünstler, setzten sie z. B. in einem dunkelblauen Hintergrund auch einmal einen orangen, gelben, grünen oder gar roten Stein mitten in einer riesigen Palette verschiedener Blautöne.

Jeder Keramikbestandteil der Lampe wird Stück um Stück mit Mosaik ausgelegt (Abb. 86). Das Mosaik reicht jeweils oben und unten nicht bis an den Rand. Diese Aussparungen werden bewusst eingehalten, um beim Zusammensetzen der Einzelteile zum Ganzen die Übergänge spurlos auslegen zu können. Nebenbei: Diese Technik wurde auch bei der Mosaikdekoration für die Eingangshalle in der Bank Julius Bär in Zürich angewandt, da das Mosaik in verschiedenen Teilen im Atelier in Ravenna angefertigt worden ist (Seite 89).

Nach dem Einzug der Metallstange für die Konstruktion der Lampe, des Kabels und der Glühbirnenvorrichtung werden die freigelassenen Verbindungsstellen mit Mosaik ausgelegt. Auf diese Weise sind nachträglich die Nahtstellen nicht ersichtlich. Zudem werden die nicht mit Mosaik belegten Flächen mit einer dünnen Schicht, etwa 1–2 mm, weißem Zement bedeckt und schließlich mit Acrylfarbe bemalt.

Wandlampen

Die Form aus Keramik mit freigelassenem Raum für das Einsetzen von Mosaik wurde speziell entworfen und hergestellt (Abb. 87, 88). Venezianische Smalten in Komplementärfarben werden zur Gestaltung des stilisierten Pfauenschmuckes gewählt. Das Motiv entsteht zuerst auf dem Papier und die Umrisslinien der Formen werden später mit der Spachtelspitze in das Zementgemisch eingeritzt. Die für das Mosaik vorgesehene Fläche wird mit PVA-Klebstoff bestrichen und mit Sand bestreut, damit eine rauhe Oberfläche entsteht, auf welcher der Mörtel gut haftet. Diese Oberfläche muss mindestens einen Tag trocknen, erst dann kann der Zement-Kalk-Sand-Mörtel aufgetragen werden. Hier ist die Fläche nicht so groß, und der aufgetragene Mörtel ist etwa vier Stunden bearbeitbar. Das heißt mit etwas Übung und den bereits vorbereiteten Smalten kann die Arbeit in dieser Zeit ausgeführt werden. Wenn dies nicht möglich ist, muss wie in vorangegangen Beispielen die Arbeit unterbrochen werden. Das heißt man muss den Mörtel wegnehmen und dafür sorgen, dass das gesetzte Mosaik mit senkrechten Kanten abschließt. Nur so ist ein problemloses späteres Ansetzen des neuen Mörtels möglich. Wiederum ist wichtig, vor der Wiederaufnahme der Arbeit das bereits gelegte Mosaik gut zu befeuchten, damit sich der neue mit dem alten Mörtel gut binden kann.Die Grundform des Modells in Abb. 89 besteht aus einer gekauften fertigen Gipsform. Sie kann als Wandblumenkiste sowie als Wandlampe benutzt werden. Auch hier wird im direkten Setzverfahren ohne Ausfugen gearbeitet. Die Oberfläche muss nicht speziell vorbehandelt werden, da sich der Gips mit dem fertig käuflichen Zementfliesenkleber gut bindet.

87

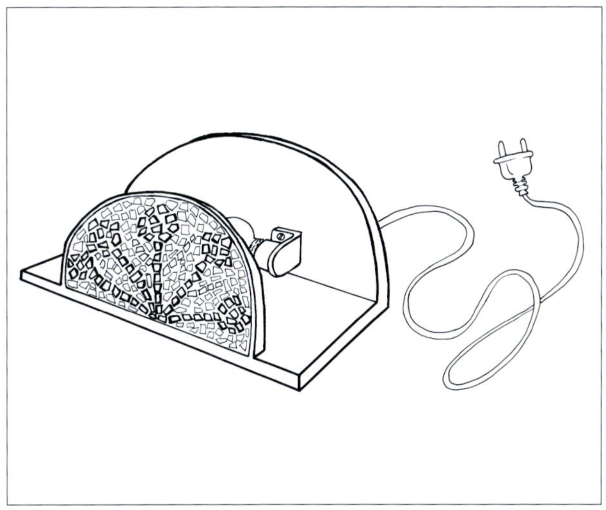
88

89

87
Wandlampe aus Keramik mit Vertiefung für das Mosaik und mit venezianischen Smalten gearbeitet.

88
Konstruktion der Wandlampe.

89
Wandlampe aus Gips mit venezianischen Smalten.

INDIREKTE METHODE

Schmetterling an einer Außenwand

Bei der indirekten Legetechnik wird das Mosaik zuerst auf ein Trägermaterial gesetzt und anschließend auf den richtigen Hintergrund gestürzt. Bei den ersten Beispielen, dem Mosaik an einer Außenwand sowie auch beim Beistelltisch, wurde einfaches Packpapier als Trägermaterial gewählt.

Das Mosaik wird mit wasserlöslichem Leim (z. B. Sprayleim, Gummiarabikum oder Tapetenkleister) auf das Packpapier geklebt. Das Mosaik soll ja nur provisorisch auf dem Papier halten (Abb. 90).

Zuerst wird das Motiv spiegelverkehrt auf das Packpapier gezeichnet. Da wir in der indirekten Methode arbeiten, muss bedacht werden, dass die Vorderseite des Mosaiks auf dem Papier liegt und wir die Rückseite der Arbeit sehen. Das Papier wird auf eine harte, transportable Unterlage, welche etwas größer als unser Mosaik ist, mit Klebstreifen befestigt. Diese Vorrichtung hilft, dass die später aufgeklebten Mosaiksteinchen nicht vorzeitig abfallen und gut an den Bestimmungsort transportiert werden können. In diesem Fall wurde das Mosaik zu Hause geklebt und anschließend hinausgetragen. Die Bestimmungswand wird angefeuchtet und die Mischung aufgetragen. Sie besteht aus fünf Teilen Sand mit einem Teil Zement und soviel Wasser, damit die Mischung noch formbar, aber nicht zu flüssig ist, da sie ansonsten gleich wieder an der Wand hinunterrutscht. Wir tragen eine etwa 1/2 cm dicke Schicht auf die Mauer auf und lassen sie über Nacht trocknen. Falls es regnet oder bei Frost, sollte die Fläche mit Plastik abgedeckt werden. Wenn es sich um eine Wand handelt, welche bereits einen Verputz hat, dann müsste dieser von der vorgesehenen

90

90
Der Schmetterling wird in der indirekten Legetechnik ausgeführt. Das Mosaik wird auf das Packpapier aufgeklebt.

91

91
Das Mosaik ist auf der Außenwand in den Zement eingesetzt. Nach dem Antrocknen wird das Packpapier genässt und weggenommen.

92

92
Der fertige Schmetterling nach der Reinigungsarbeit.

Fläche weggeschlagen werden. Die so entstandene freie Fläche muss gut über Nacht befeuchtet werden und dann kann die Zementmischung aufgetragen werden. Handelt es sich um die Rohmauer oder Backsteinmauer, dann tragen wir vorgängig eine erste Schicht mittels Kelle großzügig auf und ebnen diese gut aus. Der Zement sollte nur dort aufgetragen werden, wo das Mosaik zu liegen kommt. Wer ganz perfekt arbeiten will, muss sich mittels Durchpausen eine Schablone des gezeichneten Motivs auf dem Packpapier erstellen, um so die notwendige Mauerfläche vorzubereiten. Nun ist die Mauer bereit und am nächsten Tag wird wiederum eine etwa 1 cm dicke Schicht des Zements aufgetragen und etwa 20 Minuten trocknen gelassen. Nun kommt der spannende Moment, nämlich das Umstürzen des Mosaiks. Um sicher zu gehen, dass wir möglichst keine Steinchen verlieren, geben wir bereits auf die Rückseite des Mosaiks etwas Zement. Und nun drücken wir das Mosaik in den Zement hinein, wobei auf das nun vorderseitige Packpapier geklopft wird (Abb. 91).

Überschüssiger Zement wird mittels Spachtel gleich weggenommen. Nun lässt man das Ganze etwa drei Stunden ruhen und befeuchtet anschließend das Packpapier mit einem nassen Schwamm. Das Packpapier löst sich und wir können es behutsam wegnehmen. Nun reinigen wir die Mosaikoberfläche von eventuellen Zementresten mit Javelwasser, Putzessig oder Zementschleierentferner und polieren sie schließlich mit einem fusselfreien Tuch (Abb. 92).

Beistelltisch

Als Material für das Mosaik wird Marmor gewählt. Bei dieser Technik empfiehlt sich ein Entwurf, der auf das Packpapier spiegelverkehrt durchgepaust wird. Am besten nimmt man ein geometrisches Motiv, das für das spiegelverkehrte Legen einfacher ist. Erst am Schluss wird das Mosaik umgekehrt und zeigt die positive Seite der Arbeit. Beim Kleben wird jeweils die flachere und schönere Seite des Marmorwürfels auf das Papier geklebt. Der Beistelltisch soll eine möglichst ebene Fläche aufweisen, damit später Gläser und Teller daraufgestellt werden können. Die Methode der Umkehrtechnik eignet sich dazu, da die einzelnen Marmortesserae nicht alle gleich hoch sind. Die unebene Fläche können wir später mit dem Zement ausebnen, und die ebene Seite ergibt die fertige Oberfläche (Abb. 93).

Nach Beendigung der Klebearbeit, die auch gut unterbrochen und wieder aufgenommen werden kann, wird das Holzbrett vorbereitet, das heißt mit Sandpapier oder mit Leim und Sand, wie auf Seite 61 beschrieben, aufgeraut. Nun wird der Mörtel aus Portlandzement, Sumpfkalk und Flusssand, gemäss Rezept auf Seite 33, gemischt. Mit dem Spachtel wird eine etwa 5 mm dicke Schicht aufgetragen und eben ausgestrichen. Das geklebte Mosaik bestreicht man mit dünnflüssigem Mörtel, um die Fugen zwischen den Mosaiksteinchen zu schließen. Danach wird das Mosaik (am besten geht es zu zweit) hochgehoben und in das Mörtelbett gestürzt. Mit einem Brettstück wird die Oberfläche durch leichtes Klopfen nivelliert, damit die Steinchen auf der ganzen Fläche aufliegen. Danach kann das obenliegende Papier genässt werden und nach etwa 30 Minuten leicht abgezogen werden (Abb. 94).

Fallen beim Umkehren einzelne Steine weg, können diese danach mit übrig gebliebenem Mörtel wieder eingesetzt werden (siehe zusätzlich das Reparieren auf Seite 76). Anstelle von Packpapier kann das Mosaik auf eine Glasplatte geklebt werden. Dieses Trägermaterial hat den Vorteil, dass man das geklebte Mosaik auf der Rückseite bzw. Vorderseite kontrollieren kann. Ein weiteres Trägermaterial kann weißes Papier zusammen mit Tapetenkleister als Klebemittel sein.

Industrielles Mosaik wird stückweise auf Packpapier oder ein Netz geklebt und kann in die ganze Welt versandt werden. Es ist leicht zu transportieren und für den Fliesenleger einfach, es an Ort und Stelle einzusetzen. Handelt es sich um eine größere Arbeit, muss das Mosaik in kleine Teile geschnitten werden und stückweise in den Mörtel gesetzt werden. In dieser Technik mit vielen Mosaikteilen wurde das Wandmosaik für den Vergnügungspark Mirabilandia in Ravenna gesetzt.

Der japanische Mosaik-Künstler Haruya Kudo hat mit dieser Technik seine große Wanddekoration in Japan realisiert (siehe Seite 86).

93

93

Beistelltisch.

94

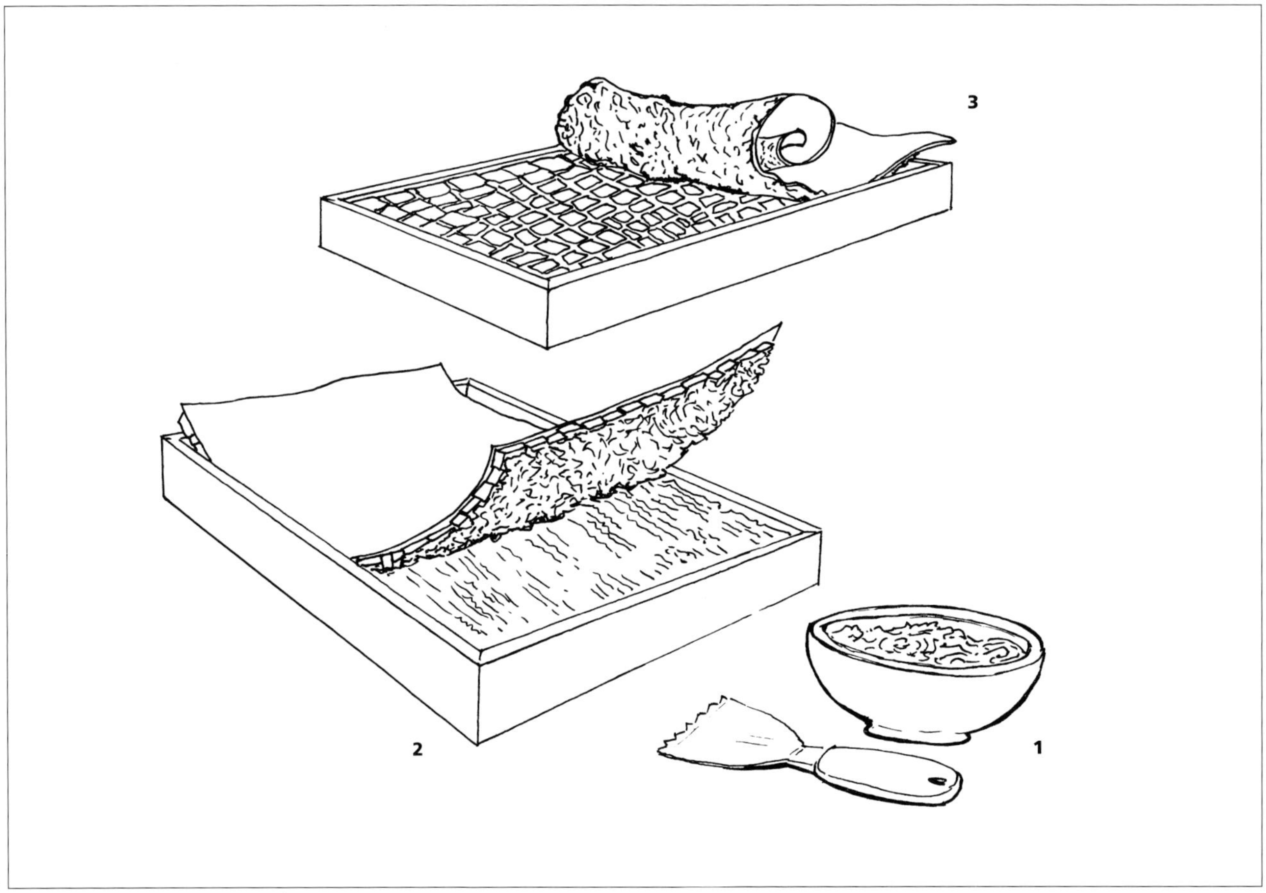

94
1 Zement, Spachtel.
2 Das geklebte Mosaik bestreicht man mit dünnflüssigem Mörtel, um die Fugen zwischen den Mosaiksteinchen zu schließen. Danach wird das Mosaik (am besten geht es zu zweit) hochgehoben und in das Mörtelbett gestürzt. Mit einem Brettstück wird die Oberfläche durch leichtes Klopfen nivelliert, damit die Steinchen auf der ganzen Fläche aufliegen.
3 Danach kann das obenliegende Papier genässt und nach etwa 30 Minuten leicht abgezogen werden.

Der große Vorteil dieses Verfahrens liegt darin, dass diese geklebten Mosaikteile auch auf gerundete und gewölbte Flächen verlegt werden können, wie es das Beispiel von Haruya Kudo zeigt.

Noch einfacher ist es, das Mosaik auf Nylon- oder Fiberglasbahnen zu kleben. Diese Mosaiken können, ohne dass man sie umkehren muss in den vorbereiteten Mörtel gesetzt werden. Das Trägermaterial bleibt einfach im Mörtel. Der große Vorteil ist, dass ein schwieriges Motiv nicht spiegelverkehrt gesetzt werden muss. Der Nachteil ist, dass die Steine alle gleich dick sein müssen, sofern eine ebene Fläche gewünscht wird. Wenn dies nicht nötig ist, können auch verschieden dicke Mosaiksteine eingesetzt werden.

Eine weitere Möglichkeit ist, die Steinchen gleicher Dicke mit der Bildseite nach oben direkt auf den Entwurf zu legen. Danach kann das Mosaik mit Tapetenkleister und dünnem Papier überleimt werden. So vermeidet man das Durchpausen und seitenverkehrte Setzen.

Das fertige Mosaik wird hochgehoben und in das vorbereitete Mörtelbett gesetzt. Nach dem Antrocknen wird das Papier mit Wasser aufgeweicht und anschließend entfernt.

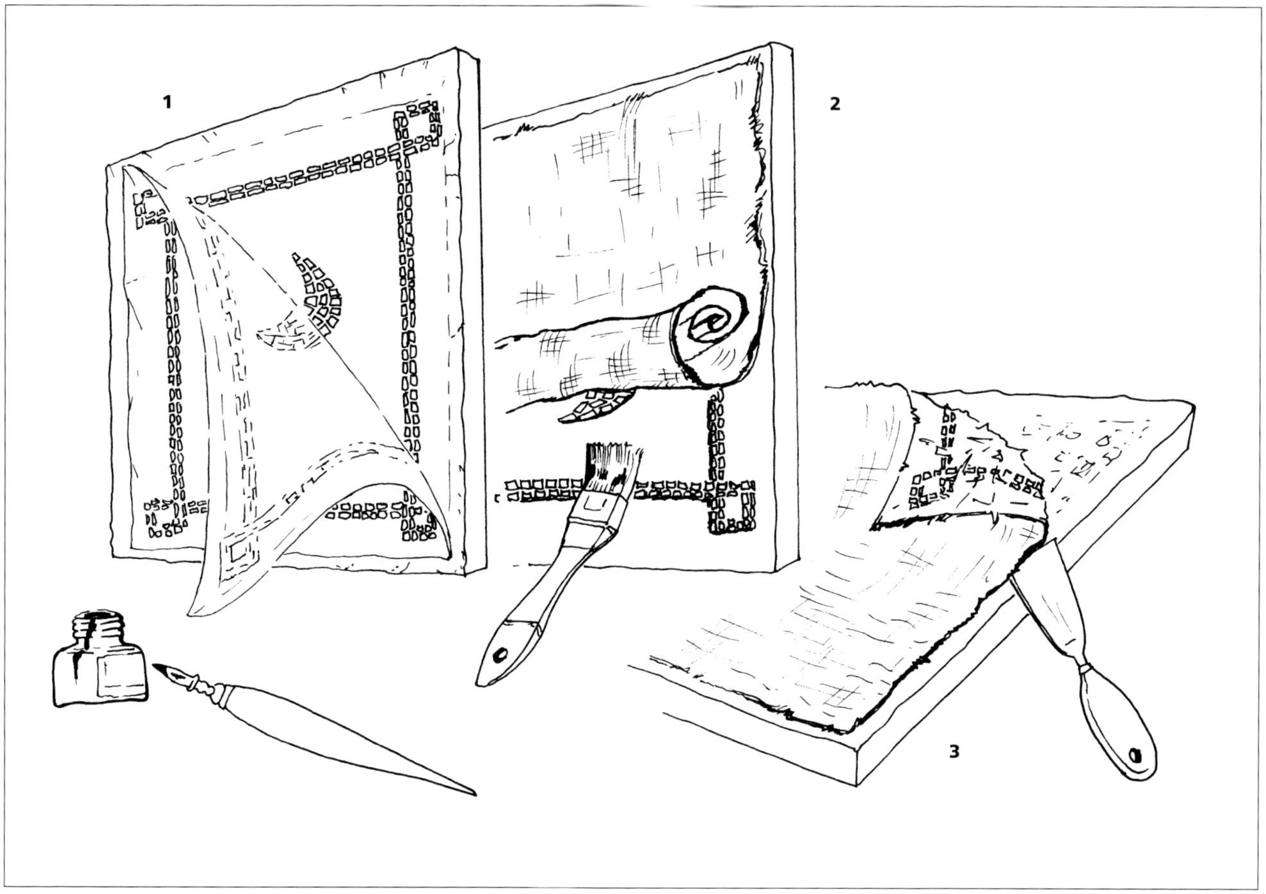

95

95

1 Das mit Tinte auf das Pauspapier spiegelverkehrt gezeichnete Motiv wird auf den Kalkaufstrich gelegt und leicht angedrückt. Der Kalk darf nicht zu nass sein. Das Papier muss überall gleichzeitig angedrückt werden, damit keine Luftbläschen entstehen.

2 Das fertige Mosaik wird mit porösem, speziell verstärktem Gewebe überleimt.

3 Das Mosaik klebt auf dem Stoffgewebe und wird entweder direkt in den Mörtel gelegt (wie im Beispiel der Mosaikwand in Mirabilandia auf Seite 84) oder bekommt wie im Beispiel Salontisch eine feste Unterlage. Sobald das Mosaik in der neuen Unterlage trocken ist, wird der Stoff mit Wasser genässt und anschließend abgezogen.

Mosaik auf provisorischem Mörtel

■ Salontisch

Es handelt sich hier um eine exakte Kopie eines römischen Mosaiks (Abb. 96). Natursteine wie verschiedene Marmore und Flusskiesel dienen als Rohmaterial. Um das Mosaik Stein um Stein von einem antiken Mosaik kopieren zu können, macht man einen sogenannten Karton (siehe Entwerfen, Seite 37). Der Entwurf gibt die Farbtöne des antiken Mosaiks wieder. Die den Farben entsprechenden Steine werden gesucht, zusammengetragen und mittels Hammer und Dorn verkleinert. Hier werden die Natursteine zu 4 x 4 mm-Würfel zerkleinert und anschließend nach Farben in verschiedenen Behältern geordnet. Sumpfkalk dient als provisorischer Mörtel und wird auf einer Eraclitplatte aufgezogen. Die Eraclitplatte ist etwas größer als das Mosaik. Der Sumpfkalk wird gut durchgearbeitet und anschließend wird eine 2 cm dicke Schicht auf die gut bewässerte Eraclitplatte aufgetragen. Der Karton wird auf Pauspapier kopiert. Anschließend wird das Pauspapier noch einmal, diesmal mit Tinte kopiert (Abb. 95). Der Zweck ist, dass wir die spiegelverkehrte Seite des Motivs mit Tinte erhalten und diese auf den Kalk abdrucken können. Die Tinte färbt so das Motiv positiv auf den Kalk ab.

Eine andere Methode der Übertragung des Entwurfs auf den Kalk erfolgt mittels Farbpulver-Tampons. Eine Pergamentpapier-Pause wird erstellt

96
Salontisch mit einer nach römischem Motiv gearbeiteten Mosaikplatte.

96

97

97
Das fertige Mosaik ist bereit für das Einlegen in den ausgefrästen Tisch.

und die Konturen werden auf elastischer Unterlage (Holzkarton, Weichpavatex, Graupappe) mit dem Schnittmusterrädchen der Schneiderinnen perforiert. Diese Pause wird aufgelegt und mit dem Farbpulver-Tampon durchstäubt. Nun kann mit der eigentlichen Setzarbeit begonnen werden. Hier muss genau nach dem Karton gearbeitet werden. Das heißt man stellt ihn gut sichtbar neben der Arbeit hin. Begonnen wird mit dem zentralen Motiv und von dort aus arbeitet man gegen außen. Dies ist ein schönes Beispiel eines Emblems in Opus vermiculatum (Abb. 97).

98

98
Die Rückseite des Mosaiks zeigt den dünnen, aber stabilen Kitt aus Reaktionskleber mit Marmorpulver gemischt und mit Glaswolle verstärkt.

Solange man an der Setzarbeit ist, ist es wichtig, dass der Kalk auf keinen Fall austrocknet. Daher eignet sich die Eraclitplatte, sie kann ständig bewässert werden und behält die Feuchtigkeit. Bei Unterbrechung der Arbeit wird die Eraclitplatte von hinten her gut bewässert und die Arbeit wird mit einer Plastikfolie luftdicht abgedeckt. Ruht die Arbeit längere Zeit, muss unbedingt ab und zu kontrolliert werden, ob die Eraclitplatte noch feucht genug ist.

Der Vorteil dieser Technik ist, dass über Monate hinweg daran gearbeitet werden kann. Daher wird sie bei schwierigen antiken oder modernen Motiven angewandt. Anders als beim Direktsetzen können hier problemlos Änderungen durchgeführt werden. Bei großen Wandarbeiten kann gut eine Equipe daran arbeiten (siehe das große Wandmosaik auf Seite 84 für den Park Mirabilandia in der Nähe von Ravenna). In den professionellen Mosaikateliers in Ravenna wird nach dieser Methode gearbeitet. Diese Technik wurde 1955 in der Kunstakademie in Ravenna entwickelt. Anstatt in den provisorischen Mörtel kann das Mosaik auch in einen Setzteig gedrückt werden, z. B. Ton, Erde, Plastilin oder feuchten Sand.

Das Mosaik ist fertiggestellt. Nun lässt man die Arbeit trocknen. Es dauert je nach Klima und Jahreszeit 1 bis 2 Wochen. Man darf keine Eile haben. Erst dann wird das Mosaik mittels tierischem Leim (Tischlerleim, Körnerleim/Warmleim) mit porösem, speziell verstärktem Gewebe überleimt (Baumwolle, Jute und Leinen muss man vor Gebrauch unbedingt waschen und trocknen lassen) (Abb. 95).

Der Leim muss warm angewandt werden. Man nimmt den Stoff, legt ihn auf das Mosaik und streicht ihn glatt. Mit einem Pinsel wird der Stoff mit dem warmen Leim angeklebt. Wichtig ist, dass man den Leim nicht einfach mit dem Pinsel aufstreicht, sondern pressend, tupfend und klopfend führt, damit das Gewebe sich den Steinen gut anpasst. Dieser Vorgang wird ein zweites Mal wiederholt. Es ist darauf zu achten, dass der Stoff wirklich guten Kontakt mit den Steinen nimmt, so dass keine Luftlöcher entstehen. Falls dies geschieht, kann mit dem Messer leicht aufgeschnitten und nochmals überleimt werden. Vor dem nochmaligen Überleimen muss die erste Schicht unbedingt gut trocken sein, das heißt man muss wiederum mindestens 24 Stunden warten.

Nach Beendigung des Einleimens und Trocknen des Mosaiks kann dieses nun von der Eraclitplatte weggenommen werden. Man dreht das Mosaik mit der Vorderseite auf eine Holzplatte und reinigt es auf der Rückseite von dem Kalk. Achtung: man nimmt den Kalk nur auf den Steinen weg, auf keinen Fall den Kalk in den Zwischenräumen der einzelnen Mosaiktesserae. Ziel ist, die nun auf dem Stoff klebenden Tesserae auf der Rückseite so frei zu legen, dass sie in einem neuen Mörtelbett oder wie hier in ein Bett aus Kunstharz gemischt mit Marmorpulver und Glaswolle einen neuen Kitt bekommen.

Das Mosaik ist gesäubert. Der Reaktionsharzkleber bestehend aus zwei Komponenten, Harz (Bindemittel) und Härter, wird zusammengemischt, Marmorpulver wird beigemischt. Diese Paste wird mit einem Spachtel auf das Mosaik aufgetragen. Es ist äußerst wichtig, dass Kalk in den Zwischenfugen geblieben ist, da diese gelbliche Paste auf keinen Fall durch die Fugen sickern darf. Auf eine Schicht Reaktionsharzkleber mit Marmorpulver gemischt folgt eine Schicht Glaswolle und wiederum eine Schicht Reaktionsharzkleber mit Marmorpulver gemischt und nochmals eine Schicht Glaswolle, zuletzt wird eine Schicht Reaktionsharzkleber mit Marmorpulver gemischt aufgetragen (Abb. 98). Diese Arbeit muss unbedingt in einem gut durchlüfteten Raum oder noch besser im Freien ausgeführt werden. Ratsam ist, eine Maske und Gummihandschuhe anzuziehen. Auf diese Weise erhalten wir eine leichte und stabile Platte. In der Restaurierung wird eine solche Platte auf eine Aluwabenplatte aufgezogen. Sie kann auch auf Glas aufgeklebt werden.

Der alte Tisch wird abgelaugt und mit einer in den Natursteinen vorkommenden Farbe bemalt (Abb. 99). Die Tischplatte wird in der Größe des einzusetzenden Mosaiks ausgefräst. Man bereitet Tuffsteinmörtel vor und trägt in die Ausfräsung eine dünne Schicht auf. Schließlich wird das fertige Mosaik eingesetzt.

99

99
Der alte Holztisch ausgefräst, abgelaugt und neu bemalt.

100

100
Der Schachbretttisch wurde von Marco Santi in der gleichen Technik wie der Salontisch angefertigt. Zusätzlich wurde die Oberfläche geschliffen.

FLICKEN VON MOSAIK

Wenn ein Mosaik nicht ganz gelingt, kann man in vielen Fällen den Schaden beheben oder zumindest begrenzen. In dem folgenden Beispiel wurde am Schluss der Mosaikarbeit festgestellt, dass auf der einen Seite die Marmorfarbe der gesetzten Tesserae nicht genau mit der gegenüberliegenden Seite übereinstimmt. Die falsch gesetzten Tesserae werden mittels Aale und Hammer herausgeschlagen (Abb. 101). Die freigewordene Fläche muss von alten Zementresten ebenfalls mit Hilfe von Aale und Hammer befreit werden. Bei diesem Arbeitsschritt muss man gut aufpassen, den Zement der gesetzten Steine nicht zu beschädigen. Es muss möglichst bis an den Rand der gesetzten Steine alles herausgeputzt werden, damit sich die neu zu setzenden Tesserae gut einfügen lassen.

Die falsch gesetzten Steine sind herausgeschlagen und die Fläche ist frei von alten Zementspuren. Die neuen Tesserae sind in die gewünschte Form geschlagen und der Mörtel ist vorbereitet (Abb 102). Nun wird das ganze Mosaik mit einem gut genässten Schwamm befeuchtet. Ziel ist, dass der Mörtel der bestehenden Mosaikfläche feucht ist, damit er die Feuchtigkeit des neu gesetzten Zementgemisches nicht abzieht und sich dieses mit dem bereits vorhandenen Mörtel gut binden kann. Der frische Zement wird mit dem Spachtel aufgetragen und die Tesserae gesetzt. Am Schluss nochmals mit dem Schwamm reinigen (Abb. 103).

101
Die falschen Steine werden mit Aale und Hammer herausgeschlagen.

102
Der neue Mörtel wird aufgetragen und die neuen Steine eingesetzt.

103
Das Mosaik ist geflickt und gereinigt.

RAUMGESTALTUNG MIT MOSAIKEN

Badezimmer

Bäder und Schwimmbäder, wie wir sie aus der Geschichte kennen und wie wir sie zum Beispiel heute noch in Budapest im berühmten Gellèrt-Bad oder im luxuriösen Schwimmbad des Hotels Ritz in Paris genießen können, sind geeignet und beliebt für Mosaik. Die Auslegung mit den kleinen Mosaiksteinchen oder mit gleich dicken unregelmäßigen Fliesen wirkt lebendig, da die Materialien im Kontakt mit Wasser noch mehr glänzen und zur Geltung kommen. So waren und sind mit Mosaik geschmückte Brunnen immer noch sehr gern gesehen. Damit man ungetrübte Freude an einem Mosaik-Bad haben kann, müssen einige technische Punkte berücksichtigt werden. Bei einem größeren Vorhaben empfiehlt es sich, mit einem Fachmann, Mosaik- oder Fliesenleger, Kontakt aufzunehmen und das Projekt zu besprechen. Der Zustand der Wände und des Raumes muss in bezug auf Feuchtigkeit, Durchlüftung und Funktionstüchtigkeit der Abwasserleitungen kontrolliert werden, um später keine bösen Überraschungen wie Schimmel zu haben. Das ausgesuchte Material sollte möglichst eben und wasserfest sein. Es ist auf jeden Fall ein wasserundurchlässiger Mörtel mit Latexadditiv zu verwenden. Bei der Auslegung des Mosaiks darf nicht zu viel Zwischenraum zwischen den einzelnen Mosaikteilen gelassen werden. Ungeeignet ist weißer Mörtel, da die Gefahr der Verschmutzung größer ist. Eine schöne Wirkung kann erzielt werden, indem der Mörtel eingefärbt wird. Die nachfolgenden Beispiele zeigen eine einzelne Mosaikfliese in einer Fliesenwand, einen Badezimmerspiegel, eine mobile Duschbasis sowie ein fest installiertes kunstvolles Muschelwaschbecken.

Mosaikfliese

Die Mosaikfliese wurde im indirekten Verfahren auf Packpapier geklebt und anschließend an der vorgesehenen Fläche eingesetzt (Abb. 104). In einer bestehenden Wand kann eine Fliese herausgenommen werden und durch eine selbergemachte Mosaikfliese ersetzt werden. Bei einem späteren Umzug kann die Mosaikkachel herausgenommen und die ursprüngliche Fliese wieder eingesetzt wer-

104

104
Mosaikfliese.

den. Weiter kann das Mosaik im gleichen Verfahren auf eine bestehende Fliese aufgeklebt werden, das heißt eine alte Fliese dient als Unterlage für das Mosaik.

In einer Mietwohnung kann auf eine bestehende Fliesenwand abwaschbares, wasserundurchlässiges Tapetenpapier aufgeklebt werden. Auf die so präparierte Wand wird der wasserundurchlässige Zementfliesenkleber aufgetragen und das Mosaik eingesetzt. Bei der Wahl der Fliesenwandüberklebung sollte eine Stelle ausgesucht werden, die nicht kontinuierlich genässt wird, also nicht im direkten Nassbereich liegt.

So kann bei einem späteren Umzug die Fliesenwand von dem Mosaik befreit werden.

105
Die vorgesehene Fläche für den Spiegel mit Mosaikrahmen wird beim Verlegen der Fliesen freigelassen. Um einen schönen Abschluss zwischen Keramikwand und Mosaik zu erhalten, wird mit schwarzen Keramikleisten ein Rahmen gelegt.

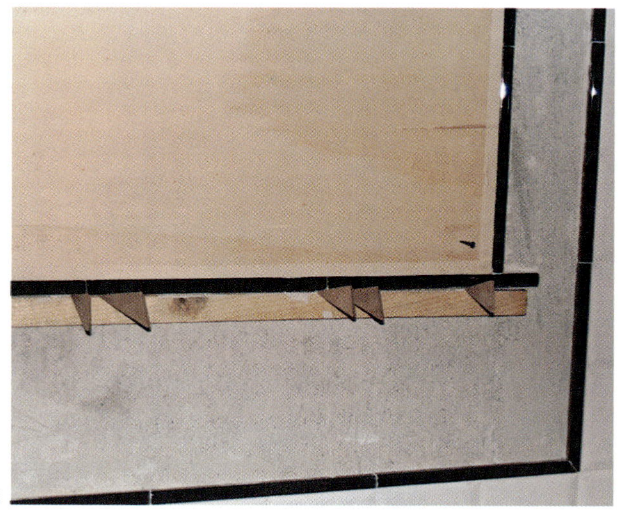

106
Eine Holzplatte in der Größe des Spiegelglases wird zugesägt und als Platzhalter eingesetzt. Um die Holzplatte herum bilden wiederum schwarze Keramikleisten einen Rand.

Badezimmerspiegel

In der vorgesehenen Badezimmerwand wird beim Verlegen der Fliesen der Platz für den Spiegel mit Mosaikrahmen freigelassen. Um einen schönen Abschluss zwischen Keramikwand und Mosaik zu erhalten, wird mit schwarzen Keramikleisten ein Rahmen gelegt (Abb. 105). Eine Holzplatte in der Größe des Spiegelglases wird zugesägt und als Platzhalter eingesetzt. Um die Holzplatte herum bilden wiederum schwarze Keramikleisten einen Rand, um einen sauberen Abschluss und Übergang vom Spiegel zum Mosaikrahmen zu gewährleisten (Abb. 106). Für das Mosaik werden venezianische ungeschnittene Glassmalten eingesetzt, die mit Hammer und Dorn in unregelmäßige und regelmäßige Stücke zerkleinert sind. Die Farbauswahl beschränkt sich auf die drei Grundfarben blau, rot und gelb und kontrastierend dazu schwarz und weiß. Einzelne Natursteine von der Insel Elba ergänzen das Mosaikmaterial. Zum Einsatz kommt fertiger Zementfliesenkleber, der die Feuchtigkeit gut erträgt. Auf dem Papier wird ein ungefährer Entwurf gezeichnet, um die Größe der einzelnen Mosaikteile und die ungefähre Stilrichtung festlegen zu können (Abb. 107). Die eigentliche Ausführung erfolgt im Direktverfahren. Der Zementfliesenkleber wird partiell aufgetragen und die Zeichnung wird direkt in den aufgetragenen Zementfliesenkleber mit dem Spachtel eingeritzt (Abb. 108). Nun werden die bereits vorgeschnittenen unregelmäßigen

107

108

109

107
Auf dem Papier wird ein ungefährer Entwurf gezeichnet, um die Größe der einzelnen Mosaikteile und die ungefähre Stilrichtung festlegen zu können.

108
Nun wird etappenweise gearbeitet. Man trägt Zementfliesenkleber auf, ritzt mit dem Spachtel die Zeichnung ein und setzt die Steine.

109
Fertiger Badezimmerspiegel.

Mosaikteile spontan eingesetzt. Die Legeweise der einzelnen Mosaiksteine folgt den Linien der Grobzeichnung und wird abwechslungsweise mit klassischen Tesserae und mit größeren unregelmäßigen Tesserae ähnlich Pinselstrichen bewegungsreich und schwungvoll ausgeführt.

Von Zeit zu Zeit muss man die Arbeit aus Distanz betrachten, um den Effekt zu sehen. Das direkte Verfahren ermöglicht viel Spontaneität: man nimmt eine Handvoll Glasstücke und beginnt zu setzen, ohne jedes Stück genau zu betrachten und zu überlegen, welcher Teil passt nun zu welchem. Das Richtige kommt zum Richtigen. Darin liegt der Reiz des spontanen Mosaiklegens, das viel Spaß macht. Der Mosaikrahmen ist fertig gesetzt und nun kann die Holzplatte weggenommen werden. Nach dem vollständigen Trocknen des Mosaiks – der benutzte Zementfliesenkleber trocknet schell – wird das Mosaik mit Wasser und Putzessig oder verdünntem Javelwasser gereinigt. Mit einem Lack kann das Mosaik zusätzlich versiegelt werden. Ein solcher Mosaikspiegel kann auch sehr gut auf einer Holzplatte hergestellt und an die Wand angemacht werden, um bei einem späteren Umzug wieder weggenommen werden zu können.

110
Duschbasis von Marco Santi.

110

Duschbasis mit Marmormosaik

Dieses Beispiel zeigt, wie eine fertig gekaufte Duschbasis mit Mosaik eingekleidet werden kann. Diese Duschbasis kann somit im Atelier hergestellt und problemlos transportiert werden. Ebenso können Waschbecken, Bidets oder Konsolen bearbeitet werden.

Marco Santi hat diese gewöhnliche Duschbasis mit Marmormosaik nach römischen Mustern im Direktverfahren gelegt. Er bereitet einen Karton vor und überträgt die Zeichnung abschnittsweise auf den partiell aufgetragenen Zement. Er wendet Zementfliesenkleber an, dem er Latexadditiv beimischt. Als professioneller Mosaikgestalter arbeitet er schnell und kann so eine größere Fläche mit dem vorbereiteten Gemisch bestreichen, die Zeichnung übertragen und mit dem Setzen der Tesserae beginnen. Die Mosaiksteine wurden bereits im Voraus mittels Hammer und Dorn zurecht geschlagen und nach Farben sortiert. Nach jeder Etappe nivelliert er das Mosaik mit einer Holzlatte, da die Oberfläche flach sein soll. Damit die Mosaiksteine ungefähr gleich hoch ausfallen, hat er beim Marmorhändler die verschiedenen Marmore in gleich dicke und gleich hohe Streifen (siehe Materialbild Marmor auf Seite 27) schneiden lassen. Nach Beendigung der Arbeit und nach dem Trocknen wird das Marmormosaik mit einer Winkelschleifmaschine geschliffen. Es werden nur grobe abstehende Ecken und Stücke weggeschliffen. Ein zu glatter Schliff wäre beim täglichen Gebrauch zu gefährlich, da man mit den Füßen keinen Halt mehr fände und schnell ausrutschen würde. Aus hygienischen Gründen ist es wiederum wichtig, dass die Steinchen möglichst eben sind und keine großen Fugen aufweisen. Durch das Setzen von kleinen Steinchen mit kleinen Fugen ergibt sich eine rutschfeste Unterlage. Je größer die Steine, desto größer ist die Rutschgefahr. Bei Glassteinen gibt es eine spezielle Qualität mit einer rauheren Oberfläche, die für Böden verwendet wird. Die fertig installierte Duschbasis sollte regelmäßig desinfiziert werden und kann mit einem nichtscheuernden Reinigungsmittel gesäubert werden.

111

111
Fest installiertes Muschelwaschbecken im Bad Chateau de Mont-Helon, Burgund, Frankreich, von der Künstlerin Sasha Portmann.

112

113

114

112
Die Steine sind ohne Entwurf auf einem Papier ausgelegt.

113
Die Wand ist mit einem rostfreien Drahtgeflecht vorbereitet worden und ein Teil des Zementfliesenklebers ist aufgetragen. In diese vorbereitete Wand beginnt Harriet Backer nun ihre Steine spontan, der eine zum andern passend, einzusetzen.

114
Das fertige Natursteinmosaik an der Wand.

Wände

Mosaik eignet sich sehr gut für Außenwände, da das Material und die Farben wetterbeständig sind. Zudem leuchtet eine Mosaikwand mehr als eine gemalte Wand. In einzelnen Ländern wie in Mexiko werden ganze Gebäude mit Glasmosaik eingekleidet. Ein Wandmosaik eignet sich sehr gut für Gruppenarbeiten und wird häufig in professionellen Mosaikateliers gemacht. Solche größeren Projekte können auch sehr gut in Schulen ausgeführt werden. Nachfolgend sind einige Beispiele mit den entsprechenden Arbeitsanleitungen angeführt.

■ Natursteinwand von Harriet Backer in Oslo, Norwegen

Harriet Backers Mosaikkunst beginnt auf ihren Wanderungen durch die norwegischen Berge. Sie sammelt Steine unterschiedlicher Art und Größe. Im Atelier ordnet sie die Steine, zerteilt da und dort ein Stück und lässt sich dabei inspirieren. An der vorgesehenen Wand soll sie ein Natursteinmosaik legen. Die Steine werden an Ort und Stelle transportiert, wo sie ausgelegt werden (Abb. 112). Nach der Vorbereitung der Wand für das Mosaik trägt die Künstlerin den Zement direkt auf (Abb. 113). Dann beginnt für sie die eigentliche spontane Mosaikarbeit. Sie setzt einen Stein und lässt sich von dem gesetzten zum nächsten zu setzenden Mosaikstein verführen. Ihre Bilder wachsen aus reiner Intuition und Spontaneität (Abb. 114). Sie bereitet daher nie einen Karton vor, weil sie meint, wenn sie nach einem exakten Plan arbeiten müsse, würde sich die natürliche Expressivität total verlieren und sie wäre nur noch die Kopiererin ihrer eigenen Bilder.

Mosaikbaum im direkten Verfahren

Dieses Mosaik zeigt ein weiteres Beispiel eines im direkten und spontanen Verfahren gearbeiteten Werkes an einer Außenwand. Zuerst wurde ein Entwurf im Verhältnis 1:1 gemacht und auf der Wandfläche befestigt, um den Verputz von der vorgesehenen Mosaikfläche abnehmen zu können. Die Wandfläche wird einige Tage vor der Arbeitsaufnahme gut genässt. Der Mörtel aus Kalk, Sand und Zement wird im Verhältnis 1:1:3 mit Latexadditiv vermischt und partiell aufgetragen. Für den Stamm werden große unregelmäßige Natursteine genommen, für das Blätterwerk hingegen venezianische Smalten, Marmor und vereinzelte Goldsmalten. Die Linienbewegung wird mit unregelmäßigen und regelmäßigen Mosaiksteinen gestaltet.

115

115
Zuerst wurde ein Entwurf gemalt und der Umriss des Baumes auf die Wand gezeichnet. Anschließend wurde der Verputz von der vorgesehenen Mosaikfläche weggeschlagen und danach die Wand bereits einen Tag vor der Mosaikarbeit gut genässt.

116

116
Das fertige Baummosaik in Ravenna.

Wandmosaik für den Vergnügungspark Mirabilandia in Ravenna

Die beiden Wandmosaike in der Größe von je 4 x 5,5 Meter sind modernisierte Kopien von zwei byzantinischen Mosaiken aus der Kirche San Vitale in Ravenna und stellen die beiden Städte Jerusalem und Betlehem dar. Die Arbeit wurde in der Werkstatt der professionellen Mosaikschule Albe Steiner in der indirekten Technik auf provisorischem Mörtel (Seite 71) ausgeführt. Während vier Monaten arbeiten 30 Studierende an dem Werk. Rund 440'0000 venezianische Smalten schmücken die 44 m^2 Mosaikfläche. Die Farbpalette reicht von Purpurrot über Gold zu vielen Grünnuancen. Die venezianischen Glaskuchen wurden alle von Hand mit Hammer und Dorn zu den gewünschten Tesserae gehauen. Die ersten Wochen gehören der Vorbereitung der Smalten, der Vergrößerung der Projektzeichnung, dem Zeichnen des Negativs mit Tinte, dem Auftragen des Kalks auf die Eraclitplatten und schließlich dem Durchpausen der Zeichnung. Da die Wände in der Werkstatt nicht so hoch sind, wird

117

117
Der Kalk ist auf der Eraclitplatte aufgetragen und das Mosaik wird gesetzt. Bei Unterbrechung der Arbeit wird das Ganze mit Plastik zugedeckt, damit die Feuchtigkeit erhalten bleibt.

118

118
Das Mosaik ist fertig gelegt, mit Stoff und Leim eingeklebt sowie gut ausgetrocknet. Nun werden die Einzelteile stückweise von der Wand genommen, auf der Rückseite von dem Kalk gereinigt und den Nummern nach in Transportschachteln eingepackt, um an den Bestimmungsort gebracht werden zu können.

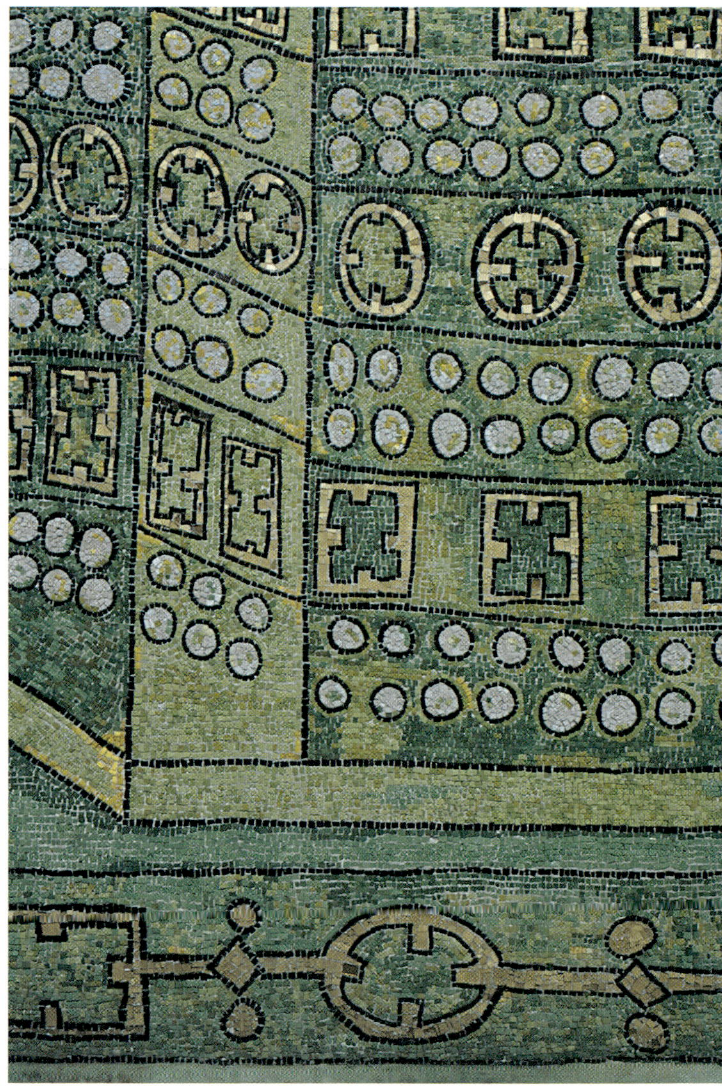

119

119
Detail der Mosaikwand.

120

das Projekt in vier Phasen geteilt. Es wird der obere Teil der einen Stadtansicht gelegt, dann eingeleimt, wiederum in Einzelteile zerschnitten, stückweise von der Kalkwand genommen (Abb. 118), gereinigt und den Nummern nach in Transportschachteln gelegt. Anschließend wird die untere Stadtansicht im gleichen Stil ausgeführt, und so fort, bis das ganze Mosaik fertig ist (Abb. 119). Im Frühjahr, als der Bau des Parks beendet war, beginnt die spannende Arbeit der Montage des Wandmosaiks an den vorgesehenen Eingangswänden. Zuerst wird rostfreier Draht an die vorgesehenen Wandflächen genagelt, um eine bessere Haftung des Zementmörtels zu gewährleisten (siehe Abb. 113). Die auf Stoff ge-

120
Der Mosaikeingang in den Vergnügungspark Mirabilandia.

leimten nummerierten Mosaikteile werden nun eines um das andere in den aufgetragenen Mörtel eingesetzt. Es wird mit dem traditionellen Mosaikmörtel aus Zement, Kalk und Sand im Verhältnis 2:1:1 gearbeitet. In den Mörtel mischt man grüne Pigmentfarbe, um das mehrheitlich in Grüntönen gehaltene Mosaik kompakter erscheinen zu lassen. Das fertig in den Mörtel eingesetzte Mosaik muss nun eine Woche lang trocknen. Die Trocknungsphase hängt vom Wetter und vom Klima ab. Danach wird das ganze Mosaik mit Wasser bespritzt, um den Stoff von den Mosaiksteinen wegnehmen zu können. Dies ist die aufregendste Phase, da man nun voller Spannung auf eine gelungene Arbeit hofft. Bei einem so großen Wandmosaik ist es auch nicht außerordentlich, wenn einige Smalten herausfallen. Dies ist aber kein Problem, da nun die fehlenden Steine gemäß dem Kapitel Flicken auf Seite 76 eingesetzt werden. Nach dem Reparieren des Mosaiks folgt die Schlussreinigung. Der Parkeingang präsentiert sich nun in voller Pracht (Abb. 120).

Mosaik auf Halbkolonnen in Japan

Die Arbeit trägt den Titel: Physische Balance: Universum-Erde-Menschen-Berge-Fluss. Dieses Mosaik wurde in der Unterführung der Bahnstation in Koriyama, Japan, 1997 ausgeführt (Abb. 122).

Gestaltet werden fünf Halbkolonnen von je 2 m² Fläche. Dieses Mosaik wurde im Atelier ausgeführt und dann an den Bestimmungsort transportiert. Die Reliefformen aus Marmor werden maschinell geschliffen und auf den Karton gelegt. Da die Halbkolonnen nicht ebene, sondern halbrunde Flächen haben, legt Kudo die Tesserae aus Smalten und Marmor ebenfalls wie die Reliefstücke ohne Klebemittel auf den Karton (Abb. 121). Erst nach Beendigung der Legearbeit wird das Würfelmosaik mit Japanpapier oder einem anderen kräftigen Papier (zum Beispiel auch Photokopierpapier) und Tapetenkleister eingeleimt. Die eine Seite des Papiers bestreicht der Künstler mit dem dick angemachten Tapetenkleister. Diese Seite legt er dann auf die Mosaiksteine. Nach dem Einkleben und Trocknen des Leimes kann das Papier mit dem daran klebenden Mosaik aufgehoben und transportiert werden (Abb. 121). Da die Fläche groß ist, wird das eingeleimte Mosaik in einzelne transportable Teile geschnitten. Die Reliefstücke werden nicht eingeleimt, da sie zu schwer sind. Sie werden separat transportiert. Am Bestimmungsort werden zuerst die Reliefs mit Bohrer und Schrauben direkt an der Wand montiert (siehe Abb. 121 und siehe ebenfalls das anschließende Projekt). Nach der Befestigung der Reliefteile wird das Mörtelgemisch aufgetragen, in das die einzelnen Mosaikflächen eingesetzt werden. Das Mosaik muss gut trocknen. Nach der Trocknungsphase, auch hier ist die Dauer wetter- und klimaabhängig, kann das Trägerpapier genässt

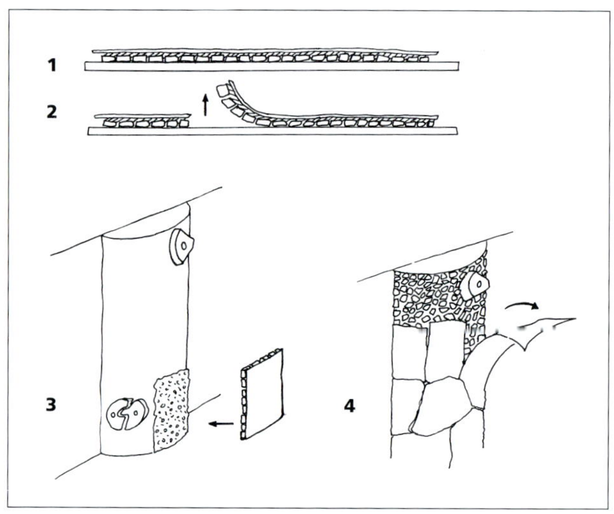

121

121
1 Das auf dem Karton ausgelegte Würfelmosaik wird mit Japanpapier oder einem anderen kräftigen Papier und Tapetenkleister eingeleimt.
2 Nach dem Einkleben und Trocknen des Leimes kann das Papier mit daran klebendem Mosaik aufgehoben und transportiert werden. Die Reliefstücke werden nicht eingeleimt, da sie zu schwer sind. Sie werden separat transptiert.
3 An den Halbkolonne werden zuerst die Reliefstücke mit Bohrer und Schrauben direkt an der Wand montiert. Danach wird das Mörtelgemisch aufgetragen, in das die einzelnen Mosaikflächen eingesetzt werden.
4 Nach dem Trocknen kann das Trägerpapier genässt werden, um aufgeweicht und abgezogen werden zu können.

122

122
Halbkolonnen mit Mosaik in der Unterführung der Bahnstation Koriyama, Japan, mit dem Titel «Physische Balance: Universum-Erde-Mensch-Berge-Fluss» von Haruya Kudo.

werden, um aufgeweicht und schließlich abgezogen werden zu können.

Wandmosaiken auf Wechselplatten

Mosaiken auf Wechselplatten können im Atelier hergestellt, transportiert, befestigt und später auch wieder weggenommen werden. Diese Möglichkeit eignet sich für Firmenschilder, Hausnummern, Wandbordüren und Türrahmen. Das nachfolgende Beispiel zeigt ein solches Wandmosaik mit der entsprechenden Arbeitsanleitung.

Mosaik mit Relief

Dieses Wandmosaik wurde im Sanatorium «House of Forest» in Yokohama 1992 kreiert (Abb. 124). Das Werk besteht aus drei Wechselplatten, die im Atelier hergestellt werden. Das Projekt wird auf den Karton in Originalgröße gebracht. Die Gesamtfläche von 17,2 m^2 wird in drei Tafeln aufgeteilt. Als erstes werden die größeren Marmorformen mit der Maschine geschnitten und geschliffen. Dann werden sie auf den Karton gelegt; die Befestigung dieser schweren großen Reliefstücke soll erst an der endgültigen Wand stattfinden. Nach dem ersten Arbeitsgang werden die Platten aus Zement mit Glasfasern vorbereitet. Das Mosaik, welches die großen Reliefstücke umschließen soll, legt der Künstler im direkten Verfahren auf die vorbereiteten Platten. Kudo arbeitet mit einer Mörtelmischung aus Zement, Marmorpulver und Latexadditiv. Nach Beendigung der Mosaikarbeit werden die drei Tafeln

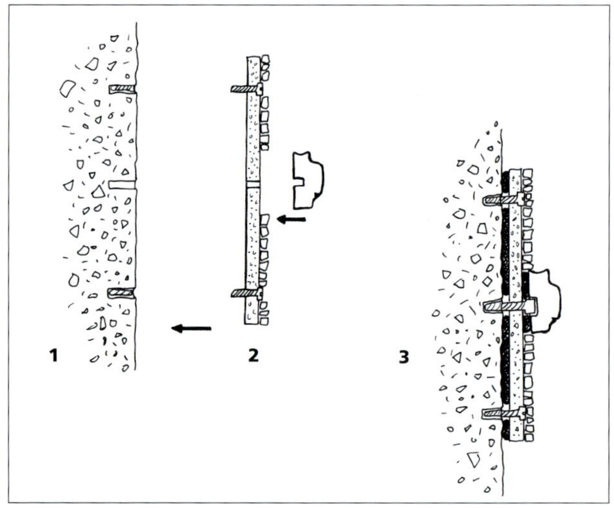

123

124

123
1 Die Wand mit den vorgebohrten Löchern.
2 Die fertige Mosaiktafel wird ohne das Relief an die Wand geschraubt.
3 Zuletzt wird das Marmorrelief angeschraubt und die Bohrlöcher werden mit Mosaik verdeckt.

124
Ausschnitt aus dem Wandmosaik «Erde-Atmosphäre-Licht-Wasser» im Sanatorium «House of Forest» in Yokohama, Japan, von Haruya Kudo.

mit den noch nicht fest montierten Reliefstücken an den Bestimmungsort transportiert. An den Wänden werden die Löcher vorgebohrt. Die Mosaiktafeln haben ebenfalls vorgebohrte Löcher für die Schrauben. Zuerst werden die Tafeln festgeschraubt. Anschließend werden die vorbereiteten Reliefsteine montiert. Wie auf der Zeichnung ersichtlich ist, sieht man auf der Vorderseite der Reliefsteine kein Loch und später auch keine Schraube. Auf der Mosaikplatte werden die letzten Mosaiksteine am Schluss eingekittet, um so die Bohrung mit der eingesetzten Schraube zu verdecken (Abb. 124).

Mosaik nach dem Entwurf der Künstlerin Rut Himmelsbach in der Bank Julius Bär in Zürich

Das Wandmosaik wird im Werkatelier von Luciana Notturni in Ravenna im Beisein der Künstlerin ausgeführt. Das Mosaik wird im direkten Verfahren auf Aluwabenplatten gesetzt. Das total 12 Meter lange und 0,6 Meter breite Mosaikband setzt sich aus verschiedenen Teilplatten zusammen, um von Ravenna nach Zürich transportiert werden zu können. Die venezianischen Smalten werden in den Mosaikmörtel aus weißem Zement, Kalk und weißem Marmorpulver im Verhältnis 1:1:1 gesetzt. Die Oberfläche der Aluwabenplatte wird vorerst mit Epoxydharz dünn bestrichen und anschließend mit feinem Marmorgranulat bestreut. So entsteht eine rauhe Oberfläche, auf welcher der später aufgetragene Mörtel gut haften kann. Dieses Kunstwerk wird in der traditionellen byzantinischen Mosaiktechnik ausgeführt. Ähnlich wie in den berühmten Wandmosaiken in der Kirche San Vitale in Ravenna oder dem Mausoleum der Galla Placidia in Ravenna wird eine riesige Farbpalette von Smalten benutzt, obwohl das Mosaik auf den ersten Blick aus wenig Farben zu bestehen scheint. Um die feinen Schattierungen und die große Leuchtkraft des Mosaiks erzielen zu können, werden aber zum Beispiel orange und rote Smalten in den blauen Hintergrund

125

125
Ausschnitt aus dem Mosaik in der Bank Bär. Einzelne Smalten in Kontrastfarben beleben die verschiedenen Farbflächen.

126

126
Mosaik von der Künstlerin Rut Himmelsbach in der Bank Julius Bär in Zürich.

gesetzt, zusätzlich zu einer Vielfalt von verschiedenen Blautönen. Das gleiche Prinzip belebt auch die grünen und hellen Mosaikflächen (Abb. 125). Durch das direkte Arbeiten in den Mörtel kann die antike Legetechnik des angewinkelten Setzens angewandt werden (siehe Legetechnik auf Seite 40). Dadurch entsteht zusätzlich ein spannendes Licht- und Schattenspiel. An Ort und Stelle werden die verschiedenen Platten in die vorgesehenen freien Flächen mittels Bohrer und Schrauben befestigt. Ähnlich wie bei der Stehlampe auf Seite 63 wird auch hier das Mosaik nicht ganz bis an die Seitenränder der Platten gesetzt. Bei der Montage der Platten an der Wand ergibt sich so ein leerer Zwischenraum, der an Ort und Stelle mit Mörtel und Mosaik ausgelegt wird. Mit dieser Technik ist später die zusammengesetzte Stelle nicht mehr zu erkennen.

Fußböden

Der dekorierte Fußboden hat eine fast noch längere Tradition als die Mosaikwand, wie die Mosaiken aus der Antike zeigen. Heute sind römische Fußbodenmosaiken, die mit Figuren und Bordüren ganze Böden füllen, kaum mehr zu realisieren. Wir zeigen jedoch verschiedene Möglichkeiten, wie einzelne Mosaikbodenplatten – auch von Kindern geschaffene – hergestellt werden können und zusammen verlegt schöne Mosaikböden bilden. Beschrieben wird auch, wie ein einzelnes Mosaikelement für den Garten oder den Eingangsbereich geschaffen werden kann. Den Anfang macht der venezianische Fußboden, eine Art Mosaik, die heute noch von Handwerkern ausgeführt wird. Eine vereinfachte Variante in Plattenform kann auch von Mosaikeinsteigern realisiert werden. Einige von Künstlern geschaffene Plätze runden das Kapitel über Fußböden ab.

Eine venezianische Mosaikplatte

Bei der vereinfachten Variante werden einzelne Mosaikplatten hergestellt, die man als Fußboden verlegen kann. Ein Holzrahmen dient als Hilfsrahmen, um gleich große Platten herstellen zu können

128

127

129

127
Fußboden mit Natursteinen.

128
Der abgebildete Holzrahmen dient als Hilfsrahmen, um gleich große Platten herstellen zu können. In diesem Beispiel wird er für die venezianische Mosaikplatte verwendet, er kann aber auch für jedes andere Mosaik verwendet werden.

129
Venezianische Mosaikplatte mit Opus signium.

(Abb. 128). Der Rahmen wird gut mit Schmierseife eingerieben, bevor Material hineingeleert wird, um die spätere Mosaikplatte gut aus dem Rahmen herausnehmen zu können. Die zweischichtige Platte besteht aus einer Unterschicht aus Beton, gemischt aus Kies, Sand, Portlandzement und Sumpfkalk (3:1:1:1), und einer Oberschicht aus Portlandzement und Tennissand. Die etwa 2 cm dicke untere Schicht wird mit Zement bestreut und mit Wasser leicht angespritzt. Denn vor der Auftragung der Oberschicht muss die Unterschicht feucht, nicht nass, sein, sie bindet sich dadurch besser mit der Oberschicht. Auf die Betonschicht wird nun eine erste Lage der Oberschicht (Mischung aus Portlandzement und Tennissand im Verhältnis 1:1) etwa 2 cm dick aufgetragen, dann legt man ein dünnes Drahtgitter und bedeckt anschließend alles mit einer weiteren dickeren Lage der Oberschicht. Nun werden verschiedene Marmorreste auf dem Mörtel verteilt und einzelne regelmäßige Marmorwürfel werden im «Opus signium» eingesetzt. Marmorreste oder Steinstücke unterschiedlicher Größe können beim Natursteinhändler eingekauft werden. Es werden verschiedene, aus je etwa drei Farben bestehende Mischungen angeboten. Die einzelnen Stücke werden mit einem Holzstück und dem Hammer in den Mörtel eingeklopft. Über die verlegte und geklopfte Steinstreu wird nochmals die gleiche Mischung wie für die Oberschicht gegossen, diesmal aber flüssiger als beim ersten Auftragen. Die Platte wird nun mit Plastik zugedeckt und mindestens eine Woche liegengelassen. Danach wird die Platte von Hand geschliffen. Mit einer Winkelschleifmaschine kann ebenfalls geschliffen werden. Man schleift so lange, bis die Steine zum Vorschein kommen, und erhält so eine feine, ebene Schicht. Treten beim Schleifen kleine Löcher auf, muss die Platte nochmals mit dem Mörtel bestrichen und eine Woche ruhen gelassen werden, bis sie wieder geschliffen werden kann.

Beim Verlegen der Platten ist darauf zu achten, dass die einzelnen Fliesen genau gleich hoch sind. Die Platten werden mit dem gleichen Mörtel eingesetzt und ausgefugt. Fugen im eigentlichen Sinne gibt es keine, da die Platten alle gleich groß und dick sind und dicht aneinander gelegt werden. Es empfiehlt sich, mit einem professionellen Fliesenleger Kontakt aufzunehmen.

Der venezianische Mosaikfußboden

Der echte venezianische Fußboden wird traditionellerweise nicht in Platten hergestellt, sondern direkt auf der ganzen Fußbodenfläche ausgeführt. Auf den Grundboden wird eine Schicht aus grobem Kies, Flusssand, Portlandzement und Sumpfkalk gegeben. Danach folgt, wie bei der Mosaikplatte beschrieben, die Oberschicht, in welche die Steine eingesetzt werden. Bei einer größeren Menge von Zement und Sand ist es wichtig, dass die einzelnen Teile jeweils mehrmals gut gesiebt werden, bevor sie mit anderen Materialien zusammengemischt werden (Abb. 130). Man bedeckt nicht gleich den ganzen Boden mit dem Mörtel, sondern geht beim Mörtel Auftragen und Steine Einstreuen partiell vor (Abb. 131). Sobald der ganze Boden bedeckt ist, geht man mit der Walze darüber, um die Steine gut einzupressen. An den Rändern werden die Steine mit Brett und Hammer gut in die Schicht eingepresst (Abb. 132).

Über die verlegte und geklopfte Steinstreu wird nochmals die gleiche Mischung der Ober-

130

132

131

133

130
Mischen von Sand und Zement. Bei einer größeren Menge von Zement und Sand ist es wichtig, dass die einzelnen Teile jeweils mehrmals gut gesiebt werden, bevor sie mit anderen Materialien zusammengemischt werden.

131
Der Mörtel wird partiell aufgetragen und die Steine werden eingestreut.

132
Sobald der ganze Boden mit den Steinen bedeckt ist, geht man mit der Walze darüber, um die Steine gut einzupressen. An den Rändern werden die Steine mit Brett und Hammer gut in die Schicht eingepresst.

133
Über die verlegte und geklopfte Steinstreu wird nochmals der gleiche Mörtel gegossen, diesmal aber flüssiger als beim ersten Auftragen. Den so gut bedeckten Boden lässt man nun einen Monat ruhen. Danach wird der Boden maschinell geschliffen.

schicht gegossen, diesmal aber flüssiger als beim ersten Auftragen (Abb. 133). Der so gut bedeckte Boden wird nun einen Monat ruhen gelassen. Danach wird der Boden maschinell geschliffen (Abb. 134, 135).

Will man mit Würfelsteinen ein Motiv in die unregelmäßige Steinstreu einsetzen, muss dies sofort bei der Steinstreuverteilung geschehen. Man setzt zuerst das Muster mit den Würfelsteinen, meist ein einfaches Motiv oder nur vereinzelte Würfel wie auf Abbildung 129. Nach Erhärtung wird die Oberfläche mehrfach geschliffen und gespachtelt. Diese Mosaiktechnik ist dem «Terrazzo» sehr ähnlich. Auch dieser kann in Form von zweischichtigen Platten hergestellt und ausgelegt werden. Die Unterschicht besteht aus Beton, die Oberschicht aus einer Mischung von Zement und gleichkörnigem farbigem Natursteinsplit, ähnlich dem venezianischen Boden. Der Unterschied liegt darin, dass der Natursteinsplit von Anfang an mit dem Zement vermischt und aufgetragen wird. Bei dem venezianischen Fußboden werden die Steine in den aufgetra-

134

135

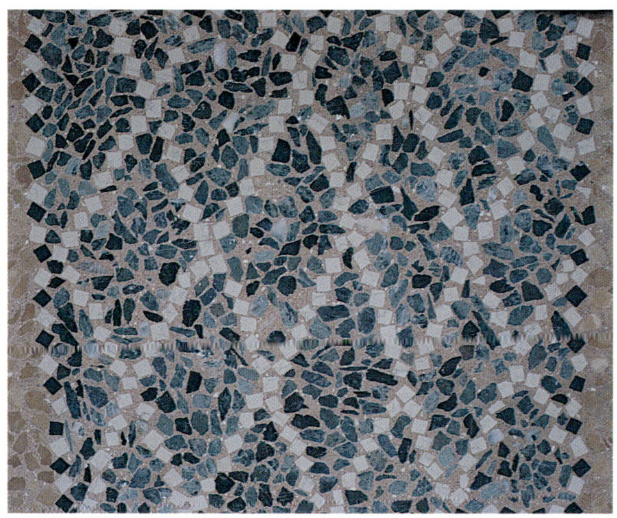
136

134
Der fertig geschliffene venezianische Mosaikboden.

135,136
Venezianischer Mosaikboden.

137

137
Ein Beispiel eines venezianischen Fußbodens mit Fischmotiv.

138
Eingangsmosaik mit Fischmotiv.

genen Zement hineingesetzt, dadurch besteht die Möglichkeit, ein Muster mit unregelmäßigen und regelmäßigen Steinen zu gestalten (Abb. 136, 137).

Mosaik-Teppich

Ein solches Eingangsmosaik kann leicht nachgemacht werden. Zuerst wird eine Zeichnung für das Motiv in der Originalgröße angefertigt, hier 80 cm x 50 cm. Dann werden die verschiedenen Steine gesucht und geordnet. Steine, die am Meer gefunden wurden, müssen zuerst gewaschen werden, da das Salz sich nicht gut mit dem Mörtel verträgt. Für den Rand wird zugeschnittener Sandstein angewandt. Zuerst wird aus dem Kiesweg der benötigte Platz für das Mosaik von einer Tiefe von etwa 7,5 cm ausgehoben und festgeklopft. Darauf folgt eine Schicht Trockenmischung aus Kies, Quarzsand, Bausand und Zement im Verhältnis 3:1:1:1. Diese wird etwa 6 cm dick aufgetragen. In diese Schicht wird die Zeichnung direkt eingezeichnet. Entweder erfolgt die Übertragung frei oder die Zeichnung wird darüber gelegt und man ritzt mit einem spitzen Gegenstand die Linien durch. Nun kann mit dem Legen der einzelnen Steine begonnen werden. Die einzelnen Steine werden hochkantig in den Mörtel gedrückt und nicht mit der ebenen flachen Fläche.

138

In diesem Beispiel wird zuerst der Rand im Fischgratmuster gelegt. Anschließend wird das Fischmotiv gesetzt und schließlich mit hellen Steinen der Hintergrund aufgefüllt. Die Steine werden mit einem Holz eingeklopft und nivelliert. Nun wird das ganze Mosaik gut mit Wasser bespritzt, damit sich der Sand mit dem Zement und den einzelnen Steinen gut bindet. Das Ganze mit einem Plastik zudecken und über Nacht trocknen lassen. Am nächsten Tag wird eine Mischung von feinem Sand mit Zement im Verhältnis 3:1 über das Mosaik gestreut und mit einer Bürste eingerieben. Das Ganze wird noch einmal mit Wasser bespritzt, zugedeckt und etwa drei bis vier Wochen ruhen gelassen.

Kindermosaikboden

Kinder freuen sich besonders am Mosaiklegen, können sie doch ihre kleinen Schätze wie gesammelte Steine, Muscheln, Fliesen und weiteres Fantasiematerial verwenden. Tomatenkisten aus Plastik dienten für Bodenplatten als Rahmen. In diese hinein kam eine Mörtelmischung aus Sand und Zement im Verhältnis 4:1, mit Wasser vermischt. Für Kinder ist es einfacher, ihre Steine in eine feuchte Mischung hineinzusetzen als in die trockene Sandmischung, da die einzelnen Elemente sofort fest sitzen. Der Mörtel darf nicht zu weich sein, da sonst kleinere Steinchen einsinken und im Mörtel verschwinden. Am Schluss werden die Steine eingeklopft und über Nacht trocknen gelassen. Es ist wichtig, das Mosaik mit den Kindern zu überwachen und den Mörtel mit ihnen zusammen zu machen, da die Baumaterialien nicht ungefährlich sind.

139

139
Mosaiken von Kindern in Tomatenkisten gemacht.

Das Fußbodenmosaik des Platzes St. Georg in Giba (Cagliari) in Sardinien von Maria Grazia Brunetti

In dem mit Pflastersteinen belegten Platz wurde eine trapezförmige Fläche freigelassen. In der Projektphase hatte die Künstlerin folgende Punkte zu beachten:

Sie sollte: 1. Mit Material des Ortes arbeiten, das möglichst günstig und, wenn möglich, sogar Abfallmaterial sein sollte. 2. Mit einheimischen Arbeitskräften zusammenarbeiten, welche die Gemeinde Giba zur Verfügung stellte. 3. Das Projekt in möglichst kurzer Zeit abschließen und möglichst wenig Arbeitskosten verursachen. 4. Das Mosaik zur Umgebung passend gestalten.

Aus den Steinbrüchen wurden Marmorreste in Türkis, erdigem Rot und Grauviolett geholt, welche für die Darstellung der Erde, des Himmels und des Meeres verwendet wurden. Viele verschiedene Kieselsteine wurden am Strand und am Flussufer gesammelt. Mit ihnen wurden die Formen ausgefüllt, welche mit unbehandeltem Blei aus den örtlichen Minen, gezeichnet wurden (Abb. 140), ähnlich den antiken Mosaiken in Pella, Griechenland. In dieser Technik stellte die Künstlerin St. Georg und den Drachen dar. Das Projekt zeichnete sie direkt auf den Boden und arbeitete im direkten Verfahren Teil für Teil aus. Die Zementmischung bereiteten für sie die ortsansässigen Maurer und Plattenleger vor. Jeder Boden und jede Situation muss geprüft werden und daher ist es immer empfehlenswert, Fachpersonen für Böden um Rat zu fragen, welches Produkt und welche Mörtelmischung die beste sei. Die Künstlerin betont im Interview ausdrücklich, dass es keine Patentrezepte

140

gebe, sondern dass jedes Mosaik wieder anders gelagert sei und neue Probleme aufweise. In diesem speziellen Fußboden wurde mit einem Gemisch von 40 % Zement und 60 % Sand gearbeitet.

140
Teilansicht des Fußbodenmosaiks des Platzes St. Georg in Giba (Cagliari) in Sardinien von Maria Grazia Brunetti.

Der Mosaikplatz «La Glorieta» auf der kanarischen Insel La Palma von Luis Morera

In dem kleinen Ort Las Manchas erhielt der Architekt, Maler und Musiker Luis Morera den Auftrag, den Dorfplatz zu gestalten. Das Ziel des Künstlers war es, einen Platz zu gestalten, der sich wie ein Chamäleon in die Umgebung einfügen würde. Aus dem Mund des Mosaik-Chamäleons sprudelt fröhlich das Brunnenwasser heraus (siehe Abb. 15, Seite 19). Seine Vorbilder für die Gestaltung waren Antonio Gaudìs Güell-Park und César Manriques Park auf Lanzarote. Luis Morera gelang es, das traditionelle Fußbodenmosaik mit Natursteinen von La Palma mit modernem Keramikmosaik zu kombinieren. Zudem gestaltete er eine Wand mit geschwungenen Lavasteinformen und mit weiteren Lavastei-

141

nen schmückte er die Säulen. Die farbenreichen Mosaikbänke laden zum Ausruhen und Verweilen ein (Abb. 141). Der Künstler arbeitete zusammen mit einheimischen Handwerkern. Die Natursteine wurden am Meeresstrand gesammelt und im direkten Verfahren in die Zement-Sand-Mischung eingesetzt. Die Formen des Keramikmosaiks zeichnete der Künstler direkt auf den vorbereiteten Boden, trug die Mörtelmischung partiell auf und setzte die Keramiksteine direkt ein. Mit Holzleisten legten Arbeiter die einfachen geometrischen Muster und setzten die Steine hochkantig, nicht flach, in die einzelnen Felder ein. Die Holzleisten dienten nur als Hilfsmittel und wurden nach Beendigung entfernt.

Natursteinmosaikboden von Mauri Formigoni (Michigan, USA) in Ostellato, Ferrara (Italien)

Bei diesem Boden wurde mit vielen Farben und mit unterschiedlichen Steinen gearbeitet. Einzelne Steine sind größere Brocken und geben so den Rhythmus durch die entstehende Reliefwirkung an. Bei der Darstellung der Ente wurde mit kleineren Steinen und mit verschiedenen Farben gearbeitet (Abb. 143). Auch der unmittelbar anschließende Hintergrund ist mit Steinen der gleichen Größe gelegt, der weitere Umriss weist immer größer werdende Steine auf, bis schließlich sogar ganz große Steinbrocken die ebene Mosaikfläche unterbrechen und so eine Reliefwirkung ergeben (Abb. 142). Durch diese Mosaiklegeart wird das Motiv nicht erdrückt, sondern fügt sich harmonisch in das Gesamtbild ein. Dieser Boden wurde ebenfalls im direkten Verfahren, also mit Vorzeichnen auf den Untergrund und mit etappenweiser Ausführung, gestaltet. Das

142

Spezielle an diesem Mosaiksteinboden ist die Nachbehandlung. Der ganze Mosaikboden wurde mit einem wasserundurchlässigen Versiegelungslack bestrichen. Dadurch kommen die Farben der verschiedenen Steine sehr schön zur Geltung und sie glänzen immer leicht.

Kieselsteinboden im Chinagarten in Zürich

In diesem Beispiel sieht man, wie ein einfaches Motiv mit der Wahl von wenigen Farben wirken kann. Teilweise wurde die Form mit Tonstreifen ausgelegt und dann mit den Steinen ausgefüllt. Einzelne lange Zementsteinstäbe unterteilen verschiedene Dekorelemente. Das Mosaik wurde im direkten Verfahren in die Zement-Sand-Mischung gesetzt.

143

144

141
Der Mosaikplatz «La Glorieta» auf der kanarischen Insel La Palma von Luis Morera.

142
Natursteinboden mit großen und kleinen Steinen in Ostellato, Ferrara (Italien), von Mauri Formigoni.

143
Die Ente. Ausschnitt aus dem Mosaikboden in Ostellato.

144
Kieselsteinboden im Chinagarten in Zürich, mit Ton- und Zementstreifen.

SKULPTUREN

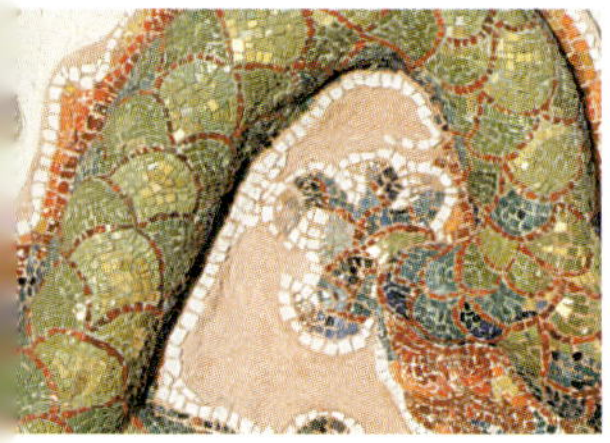

Bei einem Mosaik in dreidimensionaler Form können Farben, Licht und Schatten der benutzten Materialien noch schöner wirken. Die Basisform kann aus Gips, Ton, Stein, Polystyrol, Draht, Polyester und weiteren Materialien gestaltet sein. Auch hier gilt zu beachten, wo die Skulptur oder unser Objekt stehen wird, im Innen – oder Außenbereich. Je nachdem muss das Material entsprechend gewählt werden. Man muss aufpassen, wie das Mosaik angewendet wird. Ist es ein wesentlicher Bestandteil des Objekts oder wird es nur teilweise eingesetzt? Die Schwierigkeit ist, eine Form nicht einfach mit Mosaik einzukleiden, sondern so zu gestalten, dass das Objekt als ein gesamthaft gesehenes Werk wirken kann.

Objekt

Hier wird mit Holz, Gips, Plastik, Polystyrol, Spiegelglas und Acrylfarben gearbeitet (Abb. 145). Die Tafel ist aus Holz, ein altes Brett wird benutzt. Weiter dient eine rechteckige flache Tonvase als Form für das Ausgießen der Gipsform. Die Tonvase wird mit einem dicken Plastik ausgelegt. In diese vorbereitet Form wird der Gips hineingegossen. Kurz vor dem vollständigen Trocknen werden Formen aus fein- und grobkörnigem Polystyrol in den Gips gedrückt, um verschiedene Vertiefungen mit unterschiedlicher Struktur zu erhalten. Die vom Plastik gelegten Falten sowie die Vertiefungen sind nun in der Gipsform sichtbar. Nun wird die Holzplatte mit Zementfliesenkleber bestrichen und die Gipsform angeklebt. Die Smalten werden ebenfalls mit dem Zementfliesenkleber auf der Gipsform befestigt.

Anschließend folgt der spannende Teil der Bemalung mit Acrylfarben. Auf der Rückseite des fertig getrockneten Objekts wird ein Aufhänger montiert.

145

Drachen

Der Reliefdrachen entsteht zuerst auf einem Blatt Papier, bevor das dreidimensionale Gerüst ausgearbeitet wird. Das Projekt wird vergrößert auf Pauspapier aufgezeichnet. Der Plan wird auf die 1,80 m x 0,90 m große, 2,5 cm dicke Sperrholzplatte aufgelegt und die Umrissform entsprechend ausgesägt.

Die Holzfläche wird mit Epoxydharzkleber dünn bestrichen und anschließend mit feinem Marmorgranulat bestreut. Diese Behandlung der Holzoberfläche dient dazu, dem später aufgetragenen Zement mehr Halt zu geben. Rostfreier Draht, der stückweise mit einer Zange zugeschnitten, geformt und auf das Brett aufgenagelt wird, gibt dem Drachenkörper das Volumen (Abb. 146). Mit Gipsbinden wird das Drahtgestell überdeckt. Das fertige Gerüst muss einen Tag trocknen.

Nun werden die venezianischen Smalten zugeschnitten und nach Farben geordnet. Die Hauptfarben sind verschiedene Grün- und Blautöne mit roten und goldenen Smalten. Der Zement wird mit grüner Pigmentfarbe eingefärbt. Die Drachenflügel werden in roten Farbtönen gelegt und der Zement entsprechend rosarot eingefärbt. Der ganze Drachen ist mit Mosaik eingekleidet.

Um die Form herum kommen weiße Marmortesserae zu liegen und rosaroter Zement ohne Mosaiksteine bildet den Abschluss.

Die ganze ausgeschnittene Holzfigur wird auf eine weitere 2,5 cm dicke wasserfest verleimte Sperrholzplatte aufgenagelt, um dem Relief mehr Halt zu geben und es aufhängen zu können.

146

145
Mosaikobjekt von Monika M. Leithner.

146
Der Drachenkörper wird mit rostfreiem Draht geformt und auf das Brett genagelt. Anschließend wird das Drahtgestell mit Gipsbinden überdeckt.

147 Nachfolgende Doppelseite Mosaikdrachen von Monika M. Leithner.

148
«Opus 64» von Monika M. Leithner.

148

Der mythologische Flügel

Diese Arbeit ist ein Drahtmobile mit Mosaikelementen (Abb. 149). Fünf verschiedene Drahtflächen hängen hintereinander an einer Holztafel. Die Mosaiksteine sind mit feinem Draht an den Drahtflächen angeknüpft worden. Die Farbwahl der Tesserae ergibt die Tiefenwirkung. Die erste Flügellinie ist mit weißen Marmorsteinen dargestellt, die weiteren Linien sind mit himmelblauen bis zu tief dunkelblauen Smalten ausgeführt. Zuerst wird ein kleines Modell-Mobile aus Plastik gemacht. Die fünf Drahtflächen werden aufeinander gelegt und auf jede wird die entsprechende Linie mit Klebstreifen markiert, um später zu wissen, wo die einzelnen Mosaiksteine angeknüpft werden müssen. Nach der Mosaikarbeit wird die Aufhängung vorbereitet. Sie besteht aus einer Holztafel. An der Oberseite wurden Regalhaken angenagelt, damit das Gehänge später an der Wand aufgehängt werden kann. Auf der Unterseite werden Ringhaken in die abgemessenen Abstände geschraubt. Jede Drahtfläche muss in gleicher Distanz von der anderen hängen. Nun werden die Drahtflächen mit Fischerdraht gleichmäßig an den Ringhaken angeknüpft. Das ganze Mobile ist leicht und immer etwas in Bewegung.

149

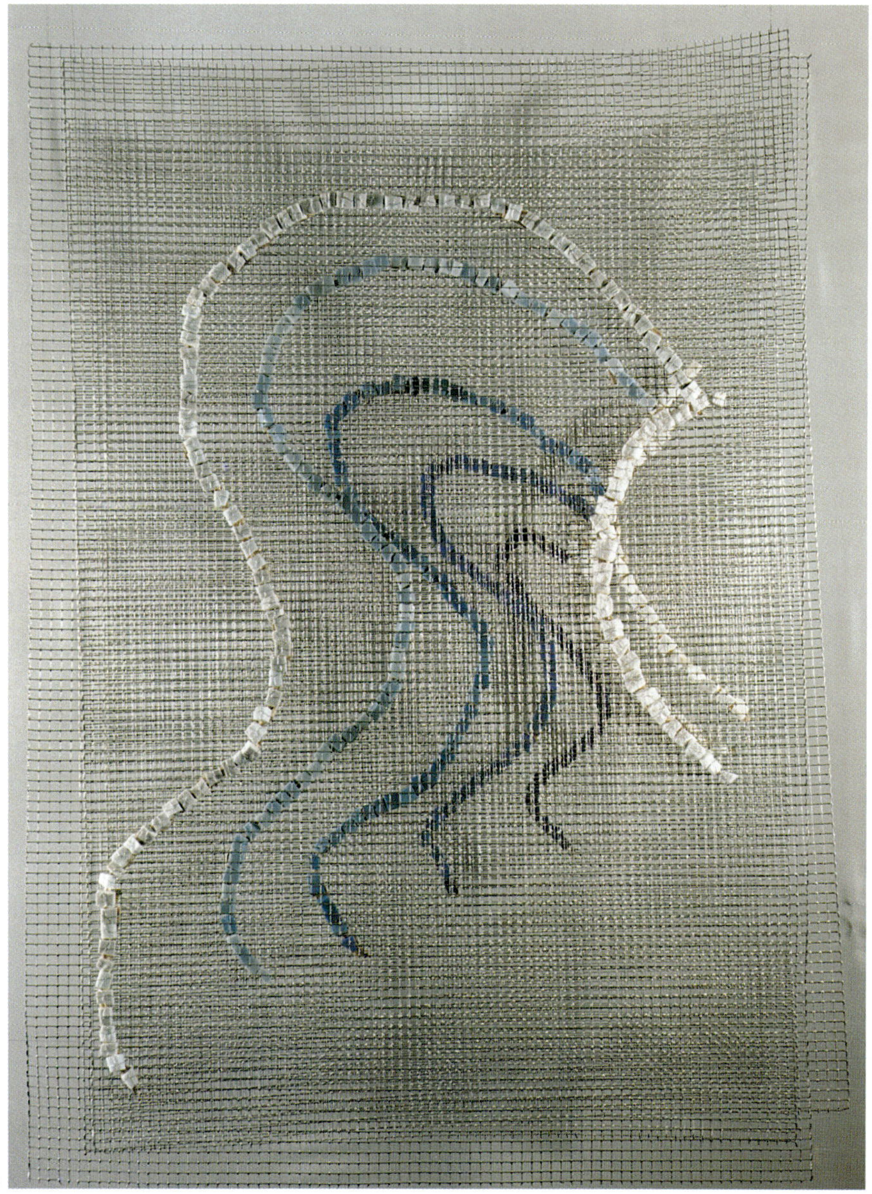

149
Der mythologische Flügel. Hängendes Drahtobjekt von Monika M. Leithner.

Der freie Flügel des Buches

Die Marmorskulptur ist aus weißem Carraramarmor gehauen worden. Sie besteht aus einer Wellenform, die an einen Flügelschlag oder eine offene Buchseite erinnert. Die eine Seite des Marmors wird glatt geschliffen und die andere Seite einem Federkleid ähnlich bearbeitet. Auf der glatten Seite werden mit Dichtungs-Silikon die blauen transparenten Muranoglasstücke aufgeklebt. Die Glasstücke in blauer Farbe sollen die Doppelbedeutung der Marmorskulptur unterstreichen. In diesem Beispiel sieht man, wie unbehauene Glasstücke als Mosaiksteine genommen werden können und eine interessante Wirkung erzielen. Die Transparenz der einzelnen Steine ist gut sichtbar, da sie mit durchsichtigem Silikon befestigt werden und das Material so leicht wie das Thema des Flügels bleibt (Abb. 150).

151

150
«Der freie Flügel des Buches», Marmor mit Muranoglas von Monika M. Leithner.

151
«La Poule Faisane» von Catherine Mandron.

Die Tierwelt von Catherine Mandron

Die Künstlerin Catherine Mandron aus Frankreich wählte das Mosaik als Ausdrucksmittel für ihre Skulpturen und Reliefs. Ihre Ideen und Inspirationen kommen aus der Natur. Auf den Spaziergängen und Wanderungen sammelt sie die Steine. Sie sucht ihr Mosaikmaterial nach den Farben aus. So faszinieren sie z.B. das Grün eines Serpentins oder die natürlichen Färbungen der Flusssteine, der blaue Macao-Marmor oder grünblauer Lapislazuli. Bevor sie mit einer Skulptur beginnt, erfasst sie zeichnerisch die Bewegungen zum Beispiel eines Huhns, eines Dirigenten oder einer im Winde flatternden Fahne. Sie beginnt mit Draht und Eisen die Grundform zu gestalten. Das Federkleid dieser Tiere gestaltet sie mit den vielen verschiedenen gefundenen Steinen und Mineralien. Einzelne Steine werden in kleinere Tesserae mittels Hammer und Dorn gehauen, andere werden so eingelegt, wie sie sind.

Catherine Mandron legt besonderen Wert auf die rhythmische Bewegung, die durch die Legeart und durch die Farbwahl der Mosaiksteine hervorgerufen wird. So vergleicht sie das Mosaik mit Musik oder mit einem Windhauch. Sie arbeitet mit einer traditionellen Mörtelmischung aus Sumpfkalk, Flusssand und Zement.

152
Riesen-Mosaik-Spinne auf dem Uetliberg in Zürich von Bruno Weber.

152

153

153
Begehbare Schlangenbrücke im «Weinrebenpark» in Dietikon, Zürich, von Bruno Weber.

154
Bruno Weber und Rebekka Weber bei der Arbeit am Mosaikfußboden im Sternensaal des Hauses von Bruno Weber in Dietikon, Zürich.

Bruno Webers Fabeltiere

Seit bald über einem Vierteljahrhundert gestaltet Bruno Weber seine fantastische Welt bestehend aus einem selber gebauten Wohnhaus und dem Waldgarten «Weinrebenpark» in Dietikon in der Nähe von Zürich. Jede Ecke lässt den Besucher staunen. Seine Fabeltiere sind unter anderem in der Umgebung von Zürich zu bewundern, so die Riesenspinne auf dem Uetliberg (Abb. 152). Am Eingang zu seinem Garten wird man von einem Kätzchen begrüsst, Schlangen und Paradiesvögel schmücken seinen Wald. Über den Teich führt eine riesige begehbare Schlangenbrücke (Abb. 153), ein kleiner Junge reitet auf dem Fisch und die Frösche unterhalten sich. Er arbeitet mit Zement, Polyester, Industriemosaik, Glas, Naturstein, Muscheln, Keramikbruchstücken und vielen anderen Materialien. Seiner Fantasie sind keine Grenzen gesetzt.

Bruno Webers Sternensaal

Der Sternensaal ist über und über mit Mosaik geschmückt. Jede Wand hat ein sternförmiges Fenster und jedes Sternenfenster ist andersfarbig. Für die Wände und die Decke benutzte Bruno Weber Industriemosaik. Vom Deckengewölbe leuchten die von

154

155
Teilansicht des Sternensaals mit sternenförmigem Fenster und Ausblick in die Natur von Bruno Weber.

155

ihm kreierten Sternenlampen. Um jedes Lämpchen herum legte er die Mosaiksteine kreisförmig. Die Glassteine wurden mit Silikon direkt an die Wand geklebt und anschließend mit schnelltrocknendem Zementmörtel ausgefugt. Das Deckenmosaik wurde nicht ausgefugt, um die Glassteine mehr leuchten zu lassen und so eine luftigere Wirkung zu erzielen. Den Fußboden hingegen legte er und seine Tochter Rebekka mit Marmorsteinen und Fliesenresten aus. Auf den Betonboden wurde das Sternenmotiv gezeichnet und anschließend im direkten Verfahren partiell der Zementmörtel aufgestrichen, geebnet und das Mosaik eingesetzt (Abb. 154). Mit Fliesen wurden Streifen zum zentralen Stern führend gelegt. Diese symbolisieren Wasserkanäle, so wie sie in orientalischen Räumen zum Beispiel in der märchenhaften Alhambra als wirkliche Wasserläufe, die zu einem zentralen Wasserbecken führen, realisiert sind. Mit der Wasserwaage kontrollierte Bruno Weber die Ebene und je nach Bedarf wurde mit dem Holz wieder und wieder auf das Mosaik geklopft, um es zu nivellieren.

156

156/157
«Parco dei Tarocchi» in Garavicchio, Toskana (Italien) von Niki de Saint Phalle.

Niki de Saint Phalle

Die teilweise begeh- und bewohnbaren Skulpturen und das angewandte Mosaikmaterial im «Parco dei Tarocchi» in Garavicchio fügen sich schön in die Natur ein (Abb. 156 und 157). Vor allem das angewandte Spiegelglas reflektiert die Umgebung und verbindet so die künstliche Welt mit der natürlichen. Ein mystischer Zyklus vom ewigen Sein entsteht. Die verschiedenen Säulen sind mit selber gemachten Mosaikteilen belegt und erzählen das menschliche Leben. So sind z. B. die Ängste durch die Totenköpfe dargestellt, und Sensualität wird durch rote

157

Keramik-Pfefferschoten wiedergegeben. Die Künstlerin selber erklärte im Film von Peter Schamoni, ihr Skulpturen-Park sei ein magischer Ort, der durch die enorme Konstruktion der Herrscherin (Abb. 157) und den Turm des Herrschers dominiert wird. Auf der Spitze des Turms steht eine Maschine von Jean Tinguely (Arbeitspartner und Ehemann von Niki de Saint Phalle). Von dieser Maschine aus soll gemäss der Künstlerin Kraft strömen, um die Italiener gegen die Eröffnung des naheliegenden Kernkraftwerkes stimmen zu lassen.

158
Kerzenständer als mystisches Wohnkunstobjekt von Felice Nittolo, Ravenna.

158

Objekt von Felice Nittolo, Ravenna

Felice Nittolo ist ein Mosaikkünstler, der immer wieder neue Wege, neue Formen, neue Materialien sucht. Er weigerte sich von Anfang an, ein Projekt eines anderen Künstlers oder Architekten auszuführen. Seiner Meinung nach muss der Mosaikkünstler, der seine Kunst kennt, selber experimentieren und eigenständig kreieren. Nur so besteht die Möglichkeit, dass die Kunst des Mosaiks als eigenständige Kunstrichtung anerkannt wird und nicht nur als Dekorationselement dient. So wurde Felice Nittolo bekannt für seine Kugel-, Kegel- und Pyramidenformen. Um dem Mosaik eine Leichtigkeit zu geben, arbeitet er mit Polystyrol als Grundform und umgibt diese mit dem Mosaik. Er legt das Mosaik immer in der direkten Methode und benutzt sowohl traditionelle Smalten wie auch Natursteine und Fantasiematerial. Seine Mosaiklegeart ist teilweise sehr luftig, da er den eingefärbten Mörtel bewusst auch ohne Tesserae wirken lässt. Der hier gezeigte Kerzenständer ist ein mystisches Wohnkunstobjekt (Abb. 158).

159

■ **Kuniko Senoh, «Urn-Rebirth»**
Handgeformte Tonfigur, gebrannt. Das Glasmosaik wurde mit Zweikomponentenkleber angebracht und mit Acrylfarbe bemalt.

160

■ **Matsuo Hisao, «Birth-Water»**
Das Mosaik aus weißem Marmor und Lapislazuli wurde auf die Marmorskulptur mit Epoxydkleber, gemischt mit Marmorpulver und Pigmentfarbe, geklebt.

161

■ **Akio Sekiya, «Circle»**
Aus Stahl wurde der Ring geformt. Anschließend mit feinem Drahtnetz umgeben und schließlich wurden die Mosaikteile (Ziegelbruchstücke, Glas, Porzellanstücke und Tonbrocken) in den aufgetragenen Mörtel aus Sand und Zement im Verhältnis 3:1 gesetzt.

162

■ **Verdiano Marzi, «Souvenir»**
Basis ist eine präparierte Holzplatte, auf welcher der Mörtel aus Kalk, Sand und Zement im Verhältnis 1:1:3 aufgetragen ist. Das Mosaik wurde mit Marmor, Granit und venezianischen Smalten gearbeitet.

GLOSSAR

Coccio pesto

Eine Mörtelschicht, gemischt aus Steinresten, rotem Tonsand und Pozzulanerde (Silikatsteinsand aus Pozzuoli (Puteoli) in der Umgebung von Rom, Italien; der antike Namen: Pulvis Puteolanis) und Kalk. In diese Schicht werden die einzelnen Steine des «Opus signium» eingesetzt.

Croustae

Einzelne in einem Mosaik eingesetzte Steine in verschiedenen Formen, nicht würfelförmig wie die Tesserae.

Emblema

So wird das Zentrum eines größeren Boden- oder Wandmosaiks aus kleinsten Tesserae genannt, das in der Legetechnik «Opus vermiculatum» ausgeführt ist. Es wird meistens in der Werkstatt hergestellt und später an Ort und Stelle transportiert.

Industrielle Mosaiksteine

Industriell hergestelltes Glasmosaik, matter und flacher als die venezianischen Smalten.

Mörtel

Die Bezeichnung des aus Sand, Wasser und Kalk oder Zement hergestellten Bindematerials für Bau- und Mosaiksteine.

Opus incertum

«Incertum» lässt sich übersetzen mit ungewiss, aber auch unregelmäßig und ungeordnet. Unregelmäßig sind die kleinen Steinplättchen, und ungeordnet, also nicht streng zu Mustern oder Motiven geformt, ist zumeist das Mosaik als solches, auch wenn eine grobe Gliederung in Reihen oder Bänder vorkommt.

Opus musivum

Wandmosaiken, die vorwiegend mit Smalten realisiert sind.

Opus pseudo-figlinum

Diese Verlegeart besteht aus gleich großen, länglichen Steinen. Je zwei Steine werden horizontal gelegt und je zwei vertikal und so fort. Das so entstandene Muster erinnert an einen groben Webstoff.

Opus reticulatum

Die quadratischen Tesserae werden in schräg verlaufenden Reihen angeordnet, also «netzförmig». Ursprünglich nannte Vitruv die Legeart, in welcher quadratische Steine schräg oder vertikal aufeinandergelegt wurden, «Opus reticulatum». Zu beobachten ist diese Technik vor allem in den römischen Mauerwerken aus der Zeit um 60 v. Chr., heute noch zu sehen in Roselle bei Grosseto in Italien.

Opus scutulatum

Die Tesserae für diese Art des Mosaiks sind rautenförmig, und das Rautenmuster kann durch andersfarbige Ergänzungen auch in abweichenden Formen unterbrochen werden.

Opus sectile

Der Römer Vitruv beschrieb diese Mosaikart folgenderweise: «Die Fußböden, die mit sectilibus bedeckt sind, haben rhombenförmige, dreieckige oder sechseckige Platten.» Auch heute bezeichnen wir mit «Opus sectile» die Mosaiken, die mit geometrischen Steinformen aus Materialien wie Granit oder antikem Marmor gefertigt sind. Häufig wird als Rahmen um ein «Opus tesselatum» oder «Opus vermiculatum» das «Opus sectile» angewandt.

Opus segmentatum

Zwischen kleinen einheitlichen Tesserae werden gleichfarbige größere Stücke gesetzt.

Opus signium

So nannte man den antiken Fußboden auf der Basis von Kalk und «Coccio pesto», in dem die einzelnen Tesserae in großen Abständen eingesetzt wurden, meist mit schwarzen und weißen Steinen. Manchmal wurden Steine verstreut eingesetzt. Diese Mosaikart wurde in den griechischen Kolonien und in Rom während der republikanischen Epoche angewandt.

Opus spicatum

Alle Verlegearten mit aneinandergereihten Kiesel in Fischgräten- oder Getreideährenform. In mittelalterlichen Stadtvierteln finden sich noch Straßen, die einen solchen Belag aufweisen.

Opus tesselatum

Mosaik aus gleich großen, würfelförmigen Tesserae. Motive werden oft mit schwarzen Tesserae auf weißem Hintergrund dargestellt, bei Umrandungen bevorzugt man weiße Einlagen in eine schwarze Grundfläche. Zumeist werden geometrische Muster gefertigt.

Opus vermiculatum

Diese Mosaikart befindet sich meist im Zentrum eines großen Fußboden- oder Wandmosaiks. In dieser Technik wird das Hauptmotiv mit kleinen, einer Linie (vermis, dt. Würmchen) folgenden Tesserae ausgeführt. Exakte Details und großer Farbenreichtum haben zur Folge, dass die Bilder sehr plastisch wirken. In den schönsten Beispielen in den römischen Villen zählen wir bis zu 63 Tesserae pro cm^2. Aus Byzanz kennen wir die transportablen Wachsminiaturmosaiken und aus dem 18. Jh. die sehr präzis gearbeiteten Schmuckstücke mit Miniaturmosaiken.

Smalten

Glasmosaiksteine (werden noch heute nach antikem Verfahren in Venedig hergestellt)

Tessera

Mosaikstein

BIBLIOGRAFIE

Geschichte

J. A. Furietti, *De Musivis,* Mariam Salvioni Typographum, Rom, 1752

Tre Trattatelli, Del Vetro per Musaico dei secoli XIV e XV, Bologna, 1864

R. Jean, *Les Arts de la terre,* Paris, 1911

J. PH. Vogel, *The Tile-Mosaics of Lahore Fort,* Karachi – Pakistan, (I ed. 1920)

E. Waterman Anthony, *A history of mosaics, reprinted by Hacker Art Books,* New York, 1968 (I ed. 1935)

K. Parlasca, *Die römischen Mosaiken in Deutschland,* Berlin, 1959

H. P. L'Orange – P.J. Nordhagen, *Mosaik, Von der Antike bis zum Mittelalter,* München, 1960

M. Schapiro M. Avi Yonah, *Israel – Frühe Mosaiken,* Paris, 1960

M. A. Brandes, *Untersuchungen zur Komposition der Stiftmosaiken an der Pfeilerhalle der Schicht IV a in Uruk-Warka,* Berlin, 1968

H. Stern, *Les Mosaiques de la Grande Mosquee de Cordoue,* 1976, Berlin

I. Bernal, *Antico Messico,* Tokyo, 1978

Enciclopedia Universale dell'Arte, (Istituto Geografico de Agostini-Novara, Stampa I.G.D.A. Officine Grafiche), Novara, 1982

I. Kriseleit, *Antike Mosaiken,* Berlin, 1985

C. Bertelli, *Die Mosaiken,* Freiburg im Breisgau 1989

Mosaïques Romaines de Tunisie, versch. Autoren, Tunis, 1989

Technik

W. Läuppi, *Stein an Stein,* Technik des Mosaiks für Laien und Künstler, Bern, 1960

O. Schock, *Wir legen Mosaik, Einfache Verfahren für Legen, Kleben,* Giessen, Stuttgart, 1963

M. L. Stribling, *Mosaik-Technik,* Berlin, 1967

P. Fischer, *Das Mosaik, Entwicklung, Technik, Eigenart,* Wien, München, 1969

Le Décor Géométrique de la Mosaique Romaine, Paris, 1985

M. Angeli, *Marcus Magonius Mosaicista a Cartagine,* Tunis, 1988

I. Fiorentini Roncuzzi, *Il Mosaico, Materiali e tecniche dalle origini a oggi,* Ravenna, ed. 1990

E. M. Goodwin, *Decorative Mosaics,* London, 1992

E. Friedemann , *Fachstufen Bau/Ausbau, Fliesen-, Platten- und Mosaikleger*, Technologie, Hamburg, 1993

I. Fiorentini, *Mosaico Scuole Ateliers Vetrerie, Ravenna incontro San Pietroburgo,* Ravenna, 1994

A. Crovato, *Dal Sasso al Mosaico,* Sequals, 1994

Mosaic Technology, versch. Autoren, ohne Angaben über Ort und Erscheinungsdatum

P. Vance, C. Goodrick-Clarke, *Mosaik, Ideen und Anleitung für kleine und grosse Objekte,* München 1996

J. Chavarria, *Mosaik, Ein umfassendes Anleitungsbuch für einfache und anspruchsvolle Projekte,* Bern, Stuttgart, Wien, 1998

Kataloge

V. von Gonzenbach, *Les mosaiques romaines d'Orbe,* Zurich, 1974

Mosaico & Mosaicisti, Ausstellungskatalog, versch. Autoren, Mailand, 1988

R. Zerbst, *Antonio Gaudi,*1852–1926, Köln, 1990

I Mosaici di Giordania, Ausstellungskatalog, versch. Autoren, Bergamo, 1991

H. Guéné, *Odorico, Mosaïste Art Déco*, Bruxelles, 1991

Niki de Saint Phalle, Ausstellungskatalog, versch. Autoren, Bonn, 1992

M. M. Leithner, *Die röm. Mosaike in Orbe,* Mosaikschule «Albe Steiner», Ravenna, 1992

A. Nakahira, *Mosaike von Antiochia,* Mosaikschule «Albe Steiner», Ravenna, 1992

H. Rand, *Hundertwasser,* Köln, 1993

La villa Gallo-Romaine et les Mosaiques d'Orbe, versch. Autoren, Orbe, 1993

Hundertwasserhaus, Wien, Friedensreich Hundertwasser, Wien, 1995

M. M. Leithner, *Die Mosaike und die Dreidimensionalität – Vom Mausoleum der Galla Placidia zum Tarot-Park von Niki de Saint Phalle,* Kunstakademie in Bologna, 1996

Bruno Webers Phantastische Welt, versch. Autoren, Stuttgart-Wien-Bern, 1996

Das Alte China, Ausstellungskatalog, Dr. Roger Goepper, Köln, 1996

M. Cheek, *Mosaik – Das Ideenbuch,* Bern, Stuttgart, Wien, 1999

BILDNACHWEIS

Harriet Backer: Abb. 112, 113, 114
Giovanni Bolognesi: Seite 4, Abb. 15, 107, 141, 157
Grazia Brunetti: Abb. 140
Nittolo Felice: Abb. 158
Robert Elter: Abb. 152
Jean-Claude Guillaux: Abb. 162
Andrea Hauser: Abb. 104
Matsuo Hisao: Abb. 160
Maggy Howarth, Copyright by David Bateman Ltd., Auckland, Neuseeland: Abb. 138, 139
Hubert Kluge, Copyright by Joram Hasel, Wien: Abb. 18
Gitta Kohls: Abb. 17
Haruya Kudo: Abb. 122, 123
Monika M. Leithner: Abb. 2, 3, 4, 6, 7, 9, 11, 14, 42, 51, 52, 53, 54, 61, 62, 64, Seiten 48–49, Abb. 81, 82, 87, 89, 90, 91, 92, 101, 102, 103, 105, 106, 108, 109, 115, 116, 117, 118, 119, 130, 131, 132, 133, 134, 142, 143, 144, 146, 153, 154, 155, 156
Longo Editore, Ravenna, Italien: Seiten 8–9, Abb. 8, 10
Catherine Mandron: Seite 1, Abb. 151
Enzo Pezzi: Abb. 5, 55, 120, 127, 135, 136, 137
Sasha Portmann: Abb. 111
Museo Nacional de Antropología, Mexico: Abb. 12
Marco Santi: Abb. 100, 110
Akio Sekiya: Abb. 161
Kuniko Senoh: Abb. 159
Gunther Taubert: Abb. 149

Die Autorin dankt folgenden Kursteilnehmerinnen

Bettina Forster (Abb. 66 links, Abb. 70)
Christine Horber (Abb. 66 Mitte, Abb. 69)
Marie-Claude Hofstetter (Abb. 66 rechts, Abb. 74 und Abb. 75)
Marina Ambrogio (Abb. 67)
Angela Molina (Abb. 72)
Brigitte Vogler (Abb. 93)
Rahel Huggett (Abb. 103)
Andrea Hauser und Kinder (Abb. 104)
Gitta Kohls (Projekt Abb. 109, Ausführung durch die Autorin)

STICHWORTVERZEICHNIS

Die kursiven Seitenzahlen verweisen auf eine Abbildung.